»Ich halte unbeschreiblich viel von den Menschen, besonders wenn sie sich selbst lächerlich machen, denn ich bin ein Menschenfreund, aber ein noch größerer Freund des Lachens.«

Søren Kierkegaard gibt Anregungen zu den unterschiedlichsten Lebensbereichen wie Genuss, Natur, Liebe, aber auch Glaube und Ehe. Seine leuchtend klaren, amüsanten, treffenden und provozierenden Gedanken haben an Aktualität nicht verloren – und sind damit auch heute wertvolle Ratgeber für ein glückliches und ausgefülltes Leben.

Søren Kierkegaard, geboren am 5. Mai 1813 in Kopenhagen, war Philosoph, Essayist, Theologe und religiöser Schriftsteller. Er gilt als geistiger Wegbereiter der Existenzphilosophie. Er starb am 11. November 1855 in Kopenhagen.

insel taschenbuch 4218
Søren Kierkegaard
Kierkegaard für Gestresste

Kierkegaard
für Gestresste

Herausgegeben von Johan de Mylius
Aus dem Dänischen
von Ulrich Sonnenberg
Insel Verlag

Die Originalausgabe erschien 1998 unter dem Titel
Søren Kierkegaard til hverdagsbrug
im Verlag Aschehoug, Kopenhagen.
© 1998 Johan de Mylius und Aschehoug, Kopenhagen.

Umschlagabbildungen: akg-images; Henry Wolf/Getty Images

Klimaneutral
Druckprodukt
ClimatePartner.com/14438-2110-1001

3. Auflage 2022

Erste Auflage 2013
insel taschenbuch 4218
Insel Verlag Berlin 2013
© Insel Verlag Frankfurt am Main und Leipzig 2000
Alle Rechte vorbehalten, insbesondere das des
öffentlichen Vortrags sowie der Übertragung durch
Rundfunk und Fernsehen, auch einzelner Teile.
Kein Teil des Werkes darf in irgendeiner Form
(durch Fotografie, Mikrofilm oder andere Verfahren)
ohne schriftliche Genehmigung des Verlages reproduziert
oder unter Verwendung elektronischer Systeme
verarbeitet, vervielfältigt oder verbreitet werden.
Vertrieb durch den Suhrkamp Taschenbuch Verlag
Umschlaggestaltung: bürosüd, München
Satz: Satz-Offizin Hümmer GmbH, Waldbüttelbrunn
Druck: CPI books GmbH, Leck
Printed in Germany
ISBN 978-3-458-35918-0

www.insel-verlag.de

Inhalt

Kierkegaard für Gestresste

Eingang

Ich halte unbeschreiblich viel von den Menschen, besonders, wenn sie sich selbst lächerlich machen, denn ich bin ein Menschenfreund, aber ein noch größerer Freund des Lachens.

Vorworte, 1844

Auch Gelächter erfordert einen vernünftigen Grund, fehlt er, dann ist gerade das Gelächter das Lächerliche.

Erbauliche Reden in verschiedenem Geist, 1847

Was ist ursprünglicher als ein Witz, ursprünglicher, zumindest überraschender als die erste Knospe im Frühjahr und der zarte Stengel des ersten Grüns? Ja, selbst wenn das Frühjahr nach Absprache käme, wäre es doch das Frühjahr, aber ein Witz nach Absprache wäre widerwärtig.

Eine literarische Anzeige, 1846

Zwar sagt der Pastor, dass wir uns wiedersehen, aber gilt das nicht für jede Straßenbekanntschaft auch? Ich glaube es nicht, denn nehmen wir einmal an, die Ewigkeit wäre so geräumig, dass ich nicht einmal seine Hochehrwürden sehen könnte, der doch gütigst dafür sorgen wollte, dass wir uns wiedersehen!

Abschließende unwissenschaftliche Nachschrift, 1846

Für einen König ist es gut, von seinem Volk geliebt zu werden, geehrt in seiner Majestät; geht es aber schief, nun ja, so lasst ihn durch einen Aufruhr vom Thron stürzen, lasst ihn in der Schlacht fallen, lasst ihn weit entfernt, fern von allem,

was an ihn erinnert, in einem Staatsgefängnis verschmach-
ten; aber ein König verwandelt in einen geschäftigen Lohn-
diener, der überaus zufrieden mit seiner Stellung ist: das ist
eine himmelschreiendere Verwandlung als ihn zu ermor-
den.

Abschließende unwissenschaftliche Nachschrift, 1846

Viel Sonderbares, viel Beklagenswertes, viel Empörendes ist
über das Christentum gesagt worden; das Dümmste aber,
was jemals gesagt wurde, ist, dass es bis zu einem gewissen
Grad wahr sei.

Abschließende unwissenschaftliche Nachschrift, 1846

Wie man sich beim Knistern des Geldscheines während eines Geschäftes von Mann zu Mann danach sehnen kann, die
Klangfülle der Münze zu hören: ebenso kann man sich in der
heutigen Zeit nach ein wenig Ursprünglichkeit sehnen.

Eine literarische Anzeige, 1846

Man will die Königsmacht nicht abschaffen, keineswegs,
aber wenn man sie nach und nach in eine Einbildung verwandeln könnte, so würde man mit Vergnügen Hurra für
den König rufen.

Eine literarische Anzeige, 1846

Diese träge Menge, die selbst nichts versteht und nichts
selbst tun will, dieses Galerie-Publikum sucht nun den Zeitvertreib und gibt sich also der Einbildung hin, dass alles, was
jemand tut, nur geschieht, damit man etwas zu reden hat.
Vornehm sitzt die Trägheit mit übergeschlagenen Beinen da,
und jeder, der arbeiten will, der König und der Beamte, der
Lehrer des Volkes und der tüchtigere Journalist, der Dichter

und der Künstler, alle werden gleichsam vorgespannt, um diese Trägheit vorwärts zu schleppen, die vornehm glaubt, die anderen wären die Pferde.

Eine literarische Anzeige, 1846

Alles lärmt; und wie man von einem hochprozentigen Getränk sagt, es bringe das Blut in Wallung, so ist in unserer Zeit alles, selbst die unbedeutendste Handlung und die nichtssagendste Mitteilung, bloß darauf ausgerichtet, die Sinne zu erschüttern oder die Masse, die Menge, das Publikum, den Lärm zu erregen!

Und der Mensch, dieser gescheite Kopf, ist gleichsam schlaflos geworden, um immer neue Mittel zu erfinden, um den Lärm zu verstärken und mit größtmöglicher Hast und im größtmöglichen Maßstab den Krach und das Nichtssagende zu verbreiten.

Ja, das Umgekehrte ist sicher bald erreicht: Die Mitteilung ist bald auf das niedrigste Niveau an Bedeutung gebracht, gleichzeitig haben die Mitteilungsmittel wohl das höchste Niveau an Schnelligkeit und alles überschwemmender Verbreitung erreicht; denn was hat wohl solche Eile herauszukommen, und auf der anderen Seite, was hat denn eine größere Verbreitung als: Gequatsche! O, schafft Stille!

Zur Selbstprüfung, der Gegenwart anbefohlen, 1851

Wie von den beiden fürstlichen Personen erzählt wird, die sehr fett waren und sich Bewegung verschafften, indem sie im Kreis umeinander herumgingen: so besteht in einem kleinen Land die Bewegung der schriftstellerischen Tätigkeit leicht darin, im Kreis umeinander herumzugehen.

Das Buch über Adler, 1847

Man braucht nur einen Blick in die Zeitungsliteratur zu werfen um zu sehen, was man heutzutage unter einer Rezension versteht. Es wäre ja Sünde und Schande, wenn das Stadtgeschwätz des Publikums vergeudet würde. Darum leitet jedes Blatt eine Abwasserrinne über ihr Gebiet. Der Rezensent ist der verantwortliche Wasserinspekteur, der dafür zu sorgen hat, dass das Abwasser frei und ungehindert fließen kann. Damit ist alles in sich selbst vollkommen: das Wasser kommt vom Publikum und fließt zum Publikum zurück.

Vorworte, 1844

Voraussetzungen

Es ist nicht mein Wunsch, Neues zu entdecken, wohl aber meine Freude und geliebte Tätigkeit, über das nachzudenken, was ganz einfach erscheint.

Der Begriff Angst, 1844

Sind unsere Philosophen nicht dazu da, die übernatürlichen Dinge alltäglich und trivial zu machen?

Philosophische Brocken, 1844

Was die Philosophen über die Wirklichkeit sagen, ist oft ebenso enttäuschend wie ein Schild bei einem Trödler, auf dem zu lesen ist: Hier wird gemangelt. Käme man mit seinen Kleidern, um sie mangeln zu lassen, wäre man genarrt, denn das Schild ist einfach nur zu verkaufen.

Entweder-Oder, Diapsalmata, 1843

Die Zeit der Denker scheint vorbei zu sein! Die stille Geduld, die demütige und gehorsame Langsamkeit, der großmütige Verzicht auf augenblickliche Wirkung, der Abstand der Unendlichkeit vom Augenblick, die in ihrem Denken und ihrem Gott hingegebene Liebe, die notwendig ist, um *einen* Gedanken zu denken: sie scheinen zu verschwinden, sie sind dabei, den Menschen beinahe lächerlich zu werden. »Der Mensch« ist wieder »das Maß aller Dinge«, und zwar vollkommen im Sinne des Augenblicks. Alle Mitteilungen sollen so abgefasst sein, dass sie bequem auf eine leichte Flugschrift passen oder von einer Unwahrheit nach der anderen unterstützt werden. Ja, es ist doch so, als müssen letztlich alle Mitteilungen so abgefasst sein, dass sie in höchstens einer Stunde auf einer Versammlung vorgetragen werden können, die wiederum die eine halbe Stunde mit dem Lärm von Beifalls- und Missfallensäußerungen vergeudet und in der anderen halben Stunde zu zerstreut ist, um die Gedanken sammeln zu können.

Und doch erstrebt man diesen Zustand als das Höchste. Die Kinder werden dazu erzogen, dieses als das Höchste anzusehen: dass man innerhalb einer Stunde gehört und bewundert wird. So wird der Münzfuß des Menschseins entwertet.

Der Liebe Tun, 1847

Es ist das Wunderbare des Lebens, dass jeder Mensch, der auf sich selbst achtet, etwas weiß, was keine Wissenschaft weiß, da er weiß, wer er selbst ist.

Der Begriff Angst, 1844

Du bist nicht dazu verpflichtet, eine Meinung über Dinge zu haben, die du nicht verstehst, nein, du bist im Gegenteil auf ewig davon freigestellt; aber du bist als einzelner auf ewig dazu verpflichtet, dir Rechenschaft über deine Meinung, dein Urteil abzulegen.

Erbauliche Reden in verschiedenem Geist, 1847

Schau, bei vielen Dingen kann man sich gut zusammentun; so können sich mehrere Familien für eine Loge im Theater zusammentun, oder drei alleinstehende Herren für ein Reitpferd, so dass jeder jeden dritten Tag reiten kann. Aber so ist es nicht mit der Unsterblichkeit, das Bewusstsein über meine Unsterblichkeit gehört mir ganz allein; gerade in diesem Augenblick, in dem ich mir meiner Unsterblichkeit bewusst bin, bin ich absolut subjektiv, und ich kann nicht der Reihe nach in Kompanie mit zwei anderen alleinstehenden Herren unsterblich werden.

Abschließende unwissenschaftliche Nachschrift, 1846

Jeder Mensch ist aus Gottes Hand eine Original-Ausgabe.

Christliche Reden, 1848

Ein Mensch wird nackt geboren und bringt nichts mit in die Welt, und ob nun des Lebens Bedingungen als freundliche Gestalten dastehen, die alles in Bereitschaft halten, oder ob er sie selbst mühselig zu entdecken hat, auf die ein oder andere Weise muss doch jeder Mensch die Bedingungen für sein Leben erwerben.

Vier erbauliche Reden, 1843

So wie das Kind den Zeigestift benutzt, um den einzelnen Buchstaben nicht zu übersehen, so sollte man sich, wenn das Leben eine tiefere Bedeutung bekommen soll, nicht daran gewöhnen, alles nur oberflächlich zu verstehen, und auch nicht überhastet alles verstehen zu wollen, sondern geduldig dem Zeigestift zu folgen, der unablässig auf einen selbst weist.

Drei erbauliche Reden, 1844

Wenn bei einem schriftlichen Examen den jungen Menschen vier Stunden für die Ausarbeitung der Abhandlung zur Verfügung stehen, tut es nichts zur Sache, ob der Einzelne vor der Zeit fertig wird oder die gesamte Zeit benötigt. Hier ist also die Aufgabe das eine und die Zeit das andere. Aber wo die Zeit selbst die Aufgabe ist, wird es ja zu einem Fehler, vor der Zeit fertig zu werden. Angenommen, es wird einem Menschen aufgegeben, sich selbst einen Tag lang zu unterhalten, und er wäre bereits am Mittag fertig mit der Unterhaltung: dann wäre ja seine Schnelligkeit kein Verdienst. Ebenso verhält es sich, wenn das Leben die Aufgabe ist. Mit dem Leben fertig zu werden, ehe das Leben fertig mit einem selbst wird, bedeutet ja, gerade nicht mit der Aufgabe fertig zu werden.

Abschließende unwissenschaftliche Nachschrift, 1846

Ich spreche über etwas ganz Einfaches und Einfältiges, dass nämlich die Wahrheit nur für den Einzelnen gilt, indem er sie selbst durch Handeln ans Licht bringt.

Der Begriff Angst, 1844

Leben und Welt

Wenn schon etwas mehr als nur Ehrlichkeit dazugehört, um durch die Welt zu kommen, so ist Dummheit immer vonnöten, um so recht sein Glück zu machen und so recht von vielen verstanden zu werden.

Abschließende unwissenschaftliche Nachschrift, 1846

In Wahrheit ist niemals irgendein Mensch Autorität gewesen, weder hat er damit irgendeinem anderen genutzt, noch hat er es wirklich geschafft, einem Schüler den Weg zu weisen. Besser gelingt es auf eine andere Art und Weise, denn immer schon hat es sich als richtig erwiesen, dass ein Narr, indem er selbst geht, mehrere andere auf seinem Weg mitnimmt.

Philosophische Brocken, 1844

Ich rede am liebsten mit Kindern; denn bei ihnen darf man noch hoffen, dass sie Vernunftwesen werden können; aber die, die es geworden sind – Herrjemineh!

Entweder-Oder, Diapsalmata, 1843

Es ist merkwürdig genug, dass es im Leben so zugeht, dass die großen Männer nicht das Bisschen tun können, was die gewöhnlichen Menschen vermögen.

Vier erbauliche Reden, 1844

Wie vielen ist es nicht ihr ganzes Menschenleben so gegangen, dass sie sich von frühester Jugend an fortwährend in Parenthesen bewegt haben.

Abschließende unwissenschaftliche Nachschrift, 1846

Die Spekulanten sollen sich nicht ihren Kopf mit der Ergründung der Forderung der Zeit zerbrechen, denn sie ist seit Menschengedenken im Wesentlichen immer die gleiche gewesen: an der Nase herumgeführt zu werden. Wenn man nur etwas Galimathias[1] redet, und mit der Menschheit *en masse* Brüderschaft trinkt, dann wird man, wie Küster Per[2], von der ganzen Gemeinde geliebt und geachtet.

Stadien auf des Lebens Weg, »Schuldig?« – »Nicht Schuldig?«, 1845

Der äußere Lärm ist vollkommen unwesentlich, ebenso wenig wie die Fanfare und das Präsentieren des Gewehrs die Ziehung der Zahlenlotterie zu einer wesentlichen Handlung für den Jungen machen, der die Lose zieht. Wenn allerdings wesentlich gehandelt werden soll, dann kommt es nicht wesentlich darauf an, dass die Trommel geschlagen wird.

Stadien auf des Lebens Weg, In vino veritas, 1845

Nicht, was mir passiert, macht mich groß, sondern was ich tue, und es wird doch wohl niemand meinen, ein Mann wäre groß, nur weil er den Hauptgewinn in der Lotterie gewonnen hätte?

Furcht und Zittern, 1843

Von allen lächerlichen Dingen in der Welt scheint mir das Allerlächerlichste ein vielbeschäftigter Mann zu sein, der hastig isst und eilig seine Arbeit verrichtet. Sehe ich daher eine Fliege, wie sie sich im entscheidenden Moment auf die

---

1 Galimathias (dän.), Unsinn, wirres Zeug.
2 Küster Per (dän. Per Degn), Figur in Ludvig Holbergs (1684-1754) Komödie »Erasmus Montanus«.

Nase eines solchen Geschäftsmannes setzt, oder wie er von einem Wagen bespritzt wird, der in noch größerer Eile an ihm vorbeifährt, oder wie die Knippelsbro[1] hochgeht oder ein Dachziegel herunterfällt und ihn erschlägt, lache ich von ganzem Herzen. Und wer müsste wohl nicht lachen? Was richten sie denn aus, diese eiligen Hastarbeiter? Geht es ihnen nicht wie jener Frau, die in aller Aufregung darüber, dass im Hause Feuer ausgebrochen war, die Feuerzange rettete? Was retten sie denn wohl mehr aus der großen Feuersbrunst des Lebens?

Entweder-Oder, Diapsalmata, 1843

Es gibt Menschen, die die außerordentliche Gabe haben, alles in ein Geschäft zu verwandeln, deren ganzes Leben ein Geschäft ist, die sich verlieben und heiraten, einen Witz hören und ein Kunststück bewundern, alles mit dem gleichen Geschäftseifer, mit dem sie auch ihre Arbeit im Büro verrichten.

Entweder-Oder, Die Wechselwirtschaft, 1843

Was ist überhaupt die Bedeutung dieses Lebens? Teilt man die Menschen in zwei große Klassen, so lässt sich sagen, die eine arbeitet um zu leben, die andere hat das nicht nötig. Aber arbeiten um zu leben, kann doch nicht die Bedeutung des Lebens sein, denn es ist doch ein Widerspruch, dass das ständige Schaffen der Bedingungen die Antwort auf die Frage nach der Bedeutung des Lebens sein soll, das überhaupt erst durch das Schaffen möglich wird. Das Leben der Übrigen hat im Allgemeinen auch keine Bedeutung außer der, die Bedingungen aufzuzehren. Will man sagen, die Be-

1 Knippelsbro, Zugbrücke in Kopenhagen zwischen Innenstadt und der Insel Amager.

deutung des Lebens besteht darin zu sterben, so scheint dies ebenfalls ein Widerspruch zu sein.

Entweder-Oder, Diapsalmata, 1843

Häng dich auf, du wirst es bereuen; häng dich nicht auf, du wirst es ebenfalls bereuen; häng dich oder häng dich nicht auf, beides wirst du bereuen.

Entweder-Oder, Diapsalmata, 1843

Wenn jemand sein Geld leid ist und es aus dem Fenster wirft, so wird niemand behaupten, er sei ein niederträchtiger Mensch; denn entweder hat das Geld eine Realität, dann ist er doch ausreichend bestraft, wenn er sich dessen beraubt, oder es hat keine Realität, und dann wäre er ja weise.

Entweder-Oder, Die Wechselwirtschaft, 1843

Lass einen Menschen stolz sein, in Gottes Namen, es wäre besser, er wäre es nicht, aber lass ihn; lass ihn nur nicht stolz auf sein Geld sein, denn es gibt nichts, was einen Menschen dermaßen entwürdigt.

Entweder-Oder, Das Gleichgewicht zwischen dem Ästhetischen und dem Ethischen in der Herausarbeitung der Persönlichkeit, 1843

Ein alter Mann, den ich einst kannte, pflegte immer zu sagen, es sei gut für den Menschen, dass er gelernt habe zu arbeiten um zu leben; da gilt für die Älteren, was für die Kinder gilt, sie müssen beizeiten dazu erzogen werden. Nun bin ich allerdings nicht der Meinung, dass es für einen jungen Menschen sinnvoll ist, sich sofort durch Nahrungssorgen entmutigen zu lassen. Aber lass ihn ruhig lernen zu arbeiten um zu leben. Die so viel gepriesene Unabhängigkeit ist ja oft genug ein Fallstrick: jede Lust kann befriedigt, jeder Neigung kann gefolgt, jede Laune kann ausgelebt werden, bis sie sich gegen einen selbst verbünden.

Wer arbeiten muss, dem wird die eitle Freude, alles im Leben haben zu können, unbekannt bleiben, er wird nicht lernen, auf seinen Reichtum zu pochen, mit Geld jedes Hindernis zu entfernen und sich jegliche Freiheit zu erkaufen; aber sein Gemüt ist dennoch nicht verbittert, er wird nicht danach streben, wie mancher reiche Jüngling mit stolzer Verachtung und Jugurthas[1] Worten dem Dasein den Rücken zuzuwenden: »Hier ist eine Stadt, sie bietet sich an, wenn sie einen Käufer findet.« Er wird nicht in kurzer Zeit eine Weisheit erworben haben, mit der er den Menschen Unrecht tut und sich selbst unglücklich macht.

Entweder-Oder, Das Gleichgewicht zwischen dem Ästhetischen und dem Ethischen in der Herausarbeitung der Persönlichkeit, 1843

Es müsste doch wahrhaftig ein Unglück sein, in der Weise glücklich zu sein, dass das eigene Glück sich von dem aller anderen im Wesentlichen unterschiede.

Entweder-Oder, Das Gleichgewicht zwischen dem Ästhetischen und dem Ethischen in der Herausarbeitung der Persönlichkeit, 1843

Das Unglück eines Menschen besteht niemals darin, dass die äußerlichen Bedingungen nicht in seiner Macht liegen, denn das würde ihn erst vollkommen unglücklich machen.

Entweder-Oder, Das Gleichgewicht zwischen dem Ästhetischen und dem Ethischen in der Herausarbeitung der Persönlichkeit, 1843

---

1 Jugurtha, 160-104 v. Chr., numidischer König und Heerführer.

In England soll es passiert sein, dass ein Mann auf der Landstraße von einem Räuber überfallen wurde, der sich mit
einer großen Perücke unkenntlich gemacht hatte. Er stürzt
sich auf den Reisenden, packt ihn an der Brust und brüllt:
Ihre Geldbörse. Er bekommt die Börse und behält sie, die
Perücke hingegen wirft er fort.

Ein armer Mann kommt dieselbe Straße daher, findet die
Perücke, setzt sie auf, erreicht die nächste Stadt, wo der Reisende bereits Alarm geschlagen hat, wird erkannt, einge-
sperrt und von dem Reisenden wiedererkannt, der einen Eid
darauf ablegt, dass es der Räuber sei. Zufällig ist der Räuber
im Gerichtssaal, sieht das Missverständnis und wendet sich
an den Richter: »Es scheint mir, dass der Reisende mehr auf
die Perücke als auf den Mann schaut«, und erbittet die Erlaubnis, einen Versuch zu unternehmen. Er setzt die Perücke
auf und packt den Reisenden an der Brust mit den Worten:
Ihre Geldbörse – und der Reisende erkennt den Räuber wieder und bietet an, dies zu beeiden – schade nur, dass er
bereits einen Eid abgelegt hat.

Auf die eine oder andere Weise ergeht es jedem so, der ein
»Was« hat und nicht auf das »Wie« achtet: Er schwört, er
legt einen Eid ab, er tätigt eilige Geschäfte, er wagt Leib und
Leben, er wird hingerichtet – alles für die Perücke.

Abschließende unwissenschaftliche Nachschrift, 1846

Der Weg ist nichts Gleichgültiges, egal, ob man vorwärts
oder rückwärts fährt; der Ort und der Weg aber sind innen
in einem Menschen, denn der Ort ist der selige Zustand des
strebenden Geistes, und der Weg die ständige Verwandlung
des strebenden Geistes.

Erbauliche Reden in verschiedenem Geist, 1847

Der breite Weg ist breit, weil viele auf ihm gehen. Der Weg der Menge ist immer breit.

Erbauliche Reden in verschiedenem Geist, 1847

Wenn derjenige, der handeln soll, sich selbst nach dem Ergebnis beurteilen wollte, so würde er niemals beginnen. Selbst wenn das Ergebnis die ganze Welt beglücken würde, dem Helden hilft es überhaupt nicht; denn vom Ergebnis hat er erst erfahren, als alles vorbei war, und nicht dadurch wurde er zum Helden, sondern er war es, weil er begann.

Furcht und Zittern, 1843

Wenn man heutzutage die Worte hört: »das ist nach dem Ergebnis zu beurteilen«, dann ist sofort klar, mit wem man die Ehre hat zu reden. Diejenigen, die so etwas sagen, sind eine zahlreiche Völkerschaft, die ich mit einer gemeinsamen Bezeichnung Dozenten nennen will. Sie leben mit ihren Gedanken wohlbehalten im Dasein, sie haben eine *feste* Stellung und *sichere* Aussichten in einem wohlorganisierten Staat, es liegen Jahrhunderte oder vielleicht sogar Jahrtausende zwischen ihnen und den Erschütterungen des Lebens, sie fürchten nicht, dass sich dergleichen wiederholen könnte, denn was würden die Polizei und die Zeitungen dazu sagen? Ihr Lebenswerk ist es, die großen Männer zu beurteilen, sie nach ihren Ergebnissen zu beurteilen. Ein derartiges Verhalten gegenüber dem Großen offenbart eine besondere Mischung aus Hochmut und Erbärmlichkeit; Hochmut, weil man sich dazu berufen fühlt zu beurteilen, Erbärmlichkeit, weil man nicht die geringste Verwandtschaft zwischen dem eigenen Leben und dem der Großen empfindet.

Furcht und Zittern, 1843

Die Welt kann nur dadurch besessen werden, dass sie mich besitzt, und so besitzt sie wiederum denjenigen, der die Welt gewonnen hat; denn wer auf irgendeine andere Weise die Welt besitzt, besitzt sie als etwas Zufälliges, als etwas, was sich verringern oder vermehren kann, was verloren und gewonnen werden kann, ohne dass sein Eigentum sich wesentlich veränderte. Wenn man aber die Welt so besitzt, dass ihr Verlust das Eigentum vermindern würde, dann wird man von der Welt besessen.

Vier erbauliche Reden, 1843

Ohne Anlass geschieht eigentlich gar nichts, und doch hat der Anlass gar keinen Anteil daran, was geschieht.

Entweder-Oder, Die erste Liebe, 1843

Wie nahe beieinander liegen doch das Lächerliche und der tiefste Ernst! Dass das Größte und das Kleinste derart miteinander verbunden sind, dass eine Kleinigkeit auf solche Weise das Große verhöhnt, ihm wie ein hänselnder Kobold folgt; wie sonderbar ist es doch, wie geschaffen für den Seelenkundigen, über das nachzudenken, was man den Neid des Lebens auf den Ausgezeichneten nennen könnte: ebendas, was ihm spöttisch klar macht, dass er doch auch nur ein Mensch wie alle anderen ist, wie der Geringste, und dass das Menschliche sein Recht fordert!

Vier erbauliche Reden, 1844

Es existiert ein Phantom, das ziemlich häufig auf den Beinen ist, wenn es gilt, einen Entschluss zu fassen, es ist die *Wahrscheinlichkeit* – ein Lump, ein Pfuscher und Schacherer, mit der sich keine freigeborene Seele einlässt; ein Taugenichts, der eher ins Zuchthaus gesperrt werden sollte als kluge

Männer und Frauen, denn die Wahrscheinlichkeit prellt die Menschen um mehr als nur um Geld und den Wert des Geldes.

Jeder Mensch, der mit einem Entschluss nicht weitergekommen ist, und niemals weiterkommt als sich aufgrund von Wahrscheinlichkeit zu entschließen, ist für die Idealität verloren, was immer er auch wird. Stößt ein Mensch im Entschluss nicht auf Gott, hat er niemals einen Entschluss gefasst, durch den er mit Gott in Kontakt getreten ist, könnte er genauso gut aufhören zu leben. Gott aber handelt immer *en gros* und die Wahrscheinlichkeit ist eine Aktie, die im Himmel nicht notiert ist.

Es kommt daher darauf an, dass im Entschluss ein Moment ist, das der geschäftigen Wahrscheinlichkeit imponiert und sie sprachlos werden lässt.

Stadien auf des Lebens Weg, Allerlei über die Ehe, 1845

Frischer Mut, kühn gewagt, Mut, das Schwierige zu wollen! Dann hilft die Schwierigkeit auch mit; denn die Schwierigkeit ist kein mürrischer Kerl, kein Quertreiber, sondern eine Allmacht, die es besonders gut machen will.

Stadien auf des Lebens Weg, Allerlei über die Ehe, 1845

Die sicherste Kenntnis bekommt man in der Lebensgefahr, wo man (das, was man im Grunde weiß) mit einer Deutlichkeit hört, die nur die Lebensgefahr vermittelt; denn in Lebensgefahr wird man unendlich hellhörig und ist dem, was man hören soll, unendlich nahe.

Christliche Reden, 1848

Nach zwei Dingen zu fragen ist geistreich: 1. Ist das, was gesagt wird, möglich? 2. Kann ich es tun? Geistlos aber ist es, nach diesen zwei Dingen zu fragen: 1. Ist es wirklich? 2. Hat mein Nachbar, Christophersen, es getan, hat er es wirklich getan?

Stadien auf des Lebens Weg, »Schuldig?« – »Nicht Schuldig?«, 1845

Jedes Mal, wenn ein Genie geboren wird, wird gleichsam die Probe auf die Existenz gemacht; denn das Genie durchläuft und erlebt all das Vergangene, bis es sich selbst einholt.

Der Begriff Angst, 1844

Was nützt es, ein Schwert zu bekommen, das die ganze Welt besiegen könnte, wenn man keinen anderen Gebrauch davon machen will als es in die Scheide zu stecken?

Entweder-Oder, Das Gleichgewicht zwischen dem Ästhetischen und dem Ethischen in der Herausarbeitung der Persönlichkeit, 1843

Die Kunst ist nicht zu wünschen, sondern zu wollen. Viele, die zumindest eine Vorstellung davon haben, was ein Menschenleben ist, wünschen sich, Zeitgenossen großer Ereignisse zu sein, in bedeutende Lebensumstände verwickelt zu sein. Wer würde leugnen, dass so etwas seinen Wert hat; auf der anderen Seite aber ist es doch Aberglaube anzunehmen, dass Ereignisse und Lebensverhältnisse als solche den Menschen zu etwas machen.

Wer ethisch lebt, weiß, dass es darauf ankommt, was man in jeder Situation des Lebens sieht, und mit welcher Energie man sie betrachtet, und dass der, der sich auf diese Weise in den unbedeutendsten Lebensverhältnissen selbst bildet, mehr erleben kann als jemand, der Zeuge, ja Teil der merkwürdigsten Begebenheiten gewesen ist. Er weiß, dass es überall einen Platz zum Tanzen gibt, dass selbst der geringste Mensch einen Platz hat, und dass sein Tanz, wenn er es selbst will, ebenso schön, ebenso graziös, ebenso mimisch, und ebenso bewegt sein kann wie der Tanz derer, denen ihr Platz in der Geschichte zugewiesen wurde.

Entweder-Oder, Das Gleichgewicht zwischen dem Ästhetischen und dem Ethischen in der Herausarbeitung der Persönlichkeit, 1843

Wer sich als eine Person in dem von der Gottheit gedichteten Schauspiel empfindet, in dem der Dichter und der Souffleur nicht zwei verschiedene Personen sind und das Individuum als erprobter Schauspieler, der sich in seine Figur und seine Erwiderungen eingelebt hat, vom Souffleur nicht gestört wird, sondern spürt, dass das, was ihm zugeflüstert wird, genau das ist, was er selbst sagen wollte, so dass es nahezu nicht mehr zu unterscheiden ist, ob er dem Souffleur die Worte in den Mund legt oder der Souffleur ihm; wer sich also im tiefsten Inneren gleichzeitig als Dichtender und Ge- dichteter empfindet, wer in dem Augenblick, in dem er sich als dichtend wahrnimmt, das ursprüngliche Pathos der Rep- lik besitzt, und in dem Augenblick, in dem er sich als gedich- tet empfindet, das erotische Ohr, das jeden Laut registriert, der und erst der hat das Höchste in der Ästhetik verwirk- licht.

Entweder-Oder, Die ästhetische Gültigkeit der Ehe, 1843

Lass andere darüber klagen, dass die Zeit schlecht ist; ich klage darüber, dass sie erbärmlich ist, denn sie ist ohne Lei- denschaft.

Entweder-Oder, Diapsalmata, 1843

Es wird von einem Bauern erzählt, der herumging und als Brandopfer bettelte. Dabei kam er auch zu einem Mann, der ihn teilnahmsvoll fragte: »Wann geschah denn das Unglück, Gevatter, wann brannte dein Haus ab?« Der Bauer antwortete: »Ja, sehen Sie, es ist ja noch gar nicht abgebrannt, aber es wird bald soweit sein.« Seht, der Bauer war sich nicht ganz sicher, dass es die beste Welt ist, in der wir leben, er hatte der menschlichen Wohltätigkeit gegenüber Brandopfern misstraut: Daher wollte er sich vermutlich zunächst einmal vergewissern, wie viel er wieder hereinbekommen würde, bevor er den Hof abbrannte.

Das Buch über Adler, 1847

Stimmungen

Stimmung ist wie der Fluss Niger in Afrika, niemand kennt seine Quelle, niemand seine Mündung, nur sein Verlauf ist bekannt!

Abschließende unwissenschaftliche Nachschrift, 1846

Ach, die Tür zum Glück geht nicht nach innen auf, man kann sie nicht aufdrücken, wenn man auf sie losstürmt; sie geht nach außen auf, und man kann daher gar nichts tun.

Entweder-Oder, Diapsalmata, 1843

Reden zu können ist eine zweideutige Kunst, und selbst die Wahrheit sagen zu können eine ungemein zweifelhafte Vollkommenheit.

Drei erbauliche Reden, 1844

Wer die Täuschungen des Lebens nicht kennt, dessen Erwartung heißt nur, sich in Träumen zu berauschen.

Zwei erbauliche Reden, 1844

Ruhe sucht doch der Mensch, aber siehe, es gibt Abwechslung: Tag und Nacht, Sommer und Winter, Leben und Tod; Ruhe sucht doch der Mensch, aber siehe, es gibt Abwechslung: Glück und Unglück, Freude und Leid; Ruhe sucht doch der Mensch und Dauer, aber siehe, es gibt Abwechslung: Das Glühen des Vorsatzes und der Ekel der Ohnmacht, die grünen Wälder der Erwartung und die welke Herrlichkeit der Erfüllung; Ruhe sucht der Mensch, wo suchte er sie nicht, selbst in der Unruhe der Zerstreuung, und wo suchte er sie nicht vergebens, selbst im Grab!

Vier erbauliche Reden, 1844

Es gibt bekanntlich Insekten, die im Augenblick der Befruchtung sterben; so ist es mit jeder Freude, der Moment des höchsten und glücklichsten Genusses im Leben ist begleitet vom Tod.

Entweder-Oder, Diapsalmata, 1843

Komm Schlaf und Tod, du versprichst nichts, du hältst alles.

Entweder-Oder, Diapsalmata, 1843

Der beste Beweis, der für die Jämmerlichkeit des Daseins angeführt wird, ist der, der aus der Betrachtung der Herrlichkeit des Daseins abgeleitet wird.

Entweder-Oder, Diapsalmata, 1843

Darin liegt die Gefährdung der Seele: dass dir die Welt leer wird und alles gleichgültig, dass das Leben keinen Geschmack und keine Nahrung mehr hat, dass selbst die Wahrheit eine mühselige Erfindung ist, und der Tod ein unbestimmter Gedanke, der weder ängstigt noch lockt.

Vier erbauliche Reden, 1844

Niemand kehrt von den Toten zurück, niemand kommt ohne Weinen auf die Welt; niemand fragt einen, ob man hinein will, niemand, ob man hinaus will.

Entweder-Oder, Diapsalmata, 1843

Warum ist nie jemand von den Toten zurückgekehrt? Weil das Leben nicht so zu fesseln weiß wie der Tod, weil das Leben nicht diese Überredungskraft besitzt wie der Tod. Ja, der Tod überredet vortrefflich, wenn man ihm nur nicht widerspricht, sondern ihn das Wort führen lässt, dann überzeugt er auf der Stelle, so dass nie jemand auch nur ein Wort einzuwenden oder Sehnsucht nach des Lebens Beredsamkeit hatte. Oh! Tod! Groß ist deine Überredung.

Die Wiederholung, 1843

Wenn der Tod sich in seiner wahren Gestalt zeigt, als der hagere, freudlose Schnitter, dann betrachtet man ihn nicht ohne Schrecken; wenn er aber verkleidet auftritt, um die Menschen zu verspotten, die sich einbilden, ihn verspotten zu können, wenn allein der Betrachter sieht, dass der Unbekannte, der alle mit seiner Höflichkeit fesselt und alle in der wilden Ausgelassenheit der Lust jubeln lässt, der Tod ist, dann ergreift ihn tiefes Entsetzen.

Der Begriff Angst, 1844

Die, die andere langweilen, sind Pöbel, Masse, die unendliche menschliche Sippschaft im Allgemeinen; die, die sich selbst langweilen, sind die Auserwählten, der Adel. Es ist ziemlich merkwürdig: die, die sich selbst nicht langweilen, langweilen im Allgemeinen andere; die hingegen, die sich selbst langweilen, unterhalten andere. Diejenigen, die sich nicht langweilen, haben im Allgemeinen auf die eine oder andere Weise viel zu schaffen in der Welt, sie sind gerade daher die Allerlangweiligsten, die Unausstehlichsten. Diese Tierklasse ist sicherlich nicht die Frucht männlicher Begierde und weiblicher Lust.

Entweder-Oder, Die Wechselwirtschaft, 1843

Müßiggang als solcher ist keineswegs aller Laster Anfang, er ist vielmehr das wahrhaft göttliche Leben, wenn man sich nicht langweilt. Ja, Müßiggang kann der Grund dafür sein, dass man sein Vermögen verliert usw.; die adelige Natur allerdings fürchtet sich nicht davor, sie fürchtet sich vor der Langeweile. Die olympischen Götter langweilten sich nicht, sie lebten glücklich in glücklichem Müßiggang. Eine weibliche Schönheit, die weder näht noch spinnt, bügelt, liest oder musiziert, ist glücklich im Müßiggang, denn sie langweilt sich nicht. Der Müßiggang ist also so weit davon entfernt, aller Laster Anfang zu sein, dass er vielmehr das wahre Gute ist. Die Langeweile ist die Wurzel allen Übels, sie gilt es fernzuhalten. Der Müßiggang ist nichts Schlechtes, ja, man muss sagen, dass jeder Mensch, der dafür keinen Sinn hat, damit zeigt, dass er sich nicht zur Humanität erhoben hat.

Entweder-Oder, Die Wechselwirtschaft, 1843

Es geschah an einem Theater, dass die Kulissen Feuer fingen. Der Bajazzo trat vor, um das Publikum davon zu unterrichten. Man meinte, es sei ein Scherz und applaudierte; er wiederholte es, man jubelte noch mehr. Daher denke ich, dass die Welt unter dem allgemeinen Jubel witziger Köpfe zu Grunde gehen wird, die glauben, es sei ein Witz.

Entweder-Oder, Diapsalmata, 1843

Geistreich kann man gern bemerken, dass die Welt, dass das menschliche Geschlecht älter geworden ist: aber wird deshalb nicht doch jeder als Kind geboren?

Abschließende unwissenschaftliche Nachschrift, 1846

Solange man ein Kind ist, hat man Phantasie genug, und sei es auch eine Stunde lang im dunklen Zimmer, seine Seele auf dem Höhepunkt zu halten, auf dem Höhepunkt der Erwartung; ist man älter, wirkt sich die Phantasie leicht so aus, dass man vom Weihnachtsbaum schon gelangweilt ist, bevor man ihn zu sehen bekommt.

Stadien auf des Lebens Weg, In vino veritas, 1845

Hat eine Erfahrung denn überhaupt irgendjemandem geholfen, es sei denn, er hat sie selbst gemacht, hatte also nicht die Hilfe der Erfahrung?

Vier erbauliche Reden, 1844

Hat man das Dasein umrundet, dann wird sich zeigen, ob man den Mut hat zu verstehen, dass das Leben eine Wiederholung ist, und ob man Lust hat, sich darauf zu freuen.

Die Wiederholung, 1843

Sollte ich mir etwas wünschen, dann würde ich mir nicht Reichtum oder Macht wünschen, sondern die Leidenschaft der Möglichkeit, das Auge, das ewig jung und ewig brennend überall die Möglichkeit sieht. Der Genuss täuscht, die Möglichkeit nicht. Und welcher Wein ist so schäumend, welcher so duftend, welcher so berauschend!

Entweder-Oder, Diapsalmata, 1843

Obwohl er reichlich bedeutungsschwanger ist, schickt der Augenblick keinen Boten voraus, um seine Ankunft zu melden, dazu kommt er zu hurtig, wenn er kommt, vorher gibt es einfach keinen Moment Zeit mehr; auch kommt der Augenblick, wie bedeutungsvoll er an sich auch sein mag, nicht mit Lärm oder Geschrei, nein, er kommt leise, mit leichteren

Schritten als der leichteste Gang irgendeines Wesens, denn er kommt mit den leichten Schritten des Plötzlichen, leise schleicht er sich an; darum muss man ganz still sein, wenn man dieses »nun ist er da« spüren will, im nächsten Augenblick ist es vorbei, darum muss man ganz still gewesen sein, wenn es einem gelingen soll, ihn zu nutzen. Und doch hängt alles vom Augenblick ab.

Die Lilie auf dem Felde und der Vogel unter dem Himmel, 1849

Jeder Mensch ist nur ein Werkzeug, das nicht weiß, wann der Augenblick kommt, da es zur Seite gelegt wird.

Drei erbauliche Reden, 1844

Das Vergängliche ist nichts, wenn es vorbei ist, und sein Wesen besteht darin, vorbei zu sein, schnell wie der Augenblick des sinnlichen Genusses, der der entfernteste Abstand vom Ewigen ist: ein Augenblick in der Zeit, gefüllt mit Leere.

Abschließende unwissenschaftliche Nachschrift, 1846

In älteren Zeiten war es Brauch, häufig über den eigenen Tod nachzudenken, bis man sich so still vertraut mit diesem Gedanken gemacht hatte, dass er den Gang des Lebens überhaupt nicht mehr störte; ja, man war so vertraut mit dem Gedanken, dass man sogar die Zeit fand, an seinen Grabschmuck zu denken und alles geordnet zu haben. So verhält es sich auch mit dem, der sich beizeiten mit dem Todesgedanken der Selbstverleugnung vertraut gemacht hat, auch er wird die Zeit finden, jene Vollkommenheit der Freude zu bedenken, die der unvergängliche Schmuck der Selbstverleugnung ist.

Drei erbauliche Reden, 1844

Wenn ein Mensch einen Brief besäße, von dem er wüßte oder glaubte, dass er die Lösung all dessen enthielte, was er als die Seligkeit seines Lebens betrachtet, wenn aber die Schriftzeichen fein und bleich wären, und die Handschrift nahezu unleserlich, er würde den Brief wohl mit Angst und Unruhe, mit aller Leidenschaft wieder und wieder lesen, und in einem Augenblick dieses, im nächsten jenes herauslesen; ebenso würde er, wenn er mit Bestimmtheit glaubte, ein Wort erkannt zu haben, alles durch dieses Wort erklären; niemals aber käme er weiter als bis zur gleichen Ungewissheit, mit der er begann. Er würde auf den Brief starren, ängstlicher und ängstlicher, und je mehr er starren würde, desto weniger würde er sehen; seine Augen würden sich bisweilen mit Tränen füllen, und je öfter dies geschähe, um so weniger könnte er sehen; im Laufe der Zeit würde die Schrift bleicher und undeutlicher, bis zuletzt auch noch das Papier zerbröselt, und er nichts anderes zurückbehielte als ein tränenblindes Auge.

Entweder-Oder, Schattenrisse, 1843

Es gibt eine Weisheit, die sich besonders darin gefällt, das Vergangene hinterher zu verstehen, den Sinn derer zu beruhigen, die tot und vergessen sind, diejenigen zu leiten, die sich selbst geholfen haben, einen Trost zu spenden, der keinen Menschen mehr betrifft.

Drei erbauliche Reden, 1844

Was bedeutet *schwätzen*? Es ist die Aufhebung der leidenschaftlichen Trennung zwischen Schweigen und Sprechen. Nur der, der wesentlich schweigen kann, kann wesentlich sprechen; nur der, der wesentlich schweigen kann, kann wesentlich handeln.

Eine literarische Anzeige, 1846

37

Jeder Mensch, der Leidenschaft besitzt, ist immer ein wenig einsam, es sind allein die Sabberköpfe, die ganz im Gesellschaftlichen aufgehen.

Abschließende unwissenschaftliche Nachschrift, 1846

Wenn jemand in unserer Zeit sagt: »ich weiß alles«, dann wird ihm geglaubt; aber wenn jemand sagt: »es gibt vieles, was ich nicht weiß«, steht er im Verdacht, einen Hang zur Lüge zu haben.

Abschließende unwissenschaftliche Nachschrift, 1846

Ein bisschen Psychologie

Falls es einen einsamen Schmerz gibt, der ja am tiefsten nagt: fremde Erfahrung wird ihn nicht lindern, denn sie hört den Schrei ja nicht; und selbst wenn er gehört würde, wird das Ausmaß des Schmerzes nicht immer nach der Lautstärke des Schreies beurteilt werden können. Die eigene Erfahrung wird ihn nicht lindern, denn der Schrei ist ja gerade deshalb verstummt, weil der Schmerz nicht verstanden wurde.

Drei erbauliche Reden, 1844

Wahrscheinlich adelt einen Menschen nichts so sehr wie das Bewahren eines Geheimnisses. Sein ganzes Leben bekommt eine Bedeutung, obwohl das Geheimnis doch eigentlich nur für ihn selbst von Bedeutung ist; es befreit ihn von jeder eitlen Rücksicht auf seine Umgebung, sich selbst genug ruht der Mensch selig in seinem Geheimnis, man könnte beinahe sagen, selbst wenn sein Geheimnis das unseligste wäre.

Entweder-Oder, Der Widerschein des antiken Tragischen
im modernen Tragischen, 1843

Es liegt im Wesen der Freude, dass sie sich offenbaren will; die Trauer will sich verstecken, ja, bisweilen sogar betrügen. Die Freude ist mitteilsam, gesellig, offenherzig, will sich äußern; die Trauer ist verschlossen, stumm, einsam und zieht sich in sich selbst zurück.

Entweder-Oder, Schattenrisse, 1843

Schweigen ist die Versuchung des Dämons, und je mehr verschwiegen wird, desto fürchterlicher wird der Dämon; aber

Schweigen ist auch die göttliche Mitwisserschaft mit dem Einzelnen.

Furcht und Zittern, 1843

Es ist ganz gewiss, dass ein Mensch von sich selbst Anstrengungen fordern kann, von denen der wohlmeinendste Freund, wüsste er davon, abraten würde; aber niemand klage den Freund an, er möge sich selbst anklagen, wenn er feilschend diese Linderung sucht. Jeder, der in Wahrheit sein Leben gewagt hat, kennt den Maßstab des Schweigens; denn ein Freund kann und soll niemals dazu raten, ganz einfach, weil derjenige, der das Leben wagen soll und dazu noch einen Vertrauten braucht, mit dem er dies überlegen kann, einfach nicht dazu taugt.

Aber wenn es innerlich heiß zu werden beginnt und die letzte Anstrengung gefordert wird: dann springt man ab, dann sucht man Linderung bei einem Vertrauten und bekommt den wohlmeinenden Rat: schon dich. Dann geht die Zeit dahin, und der Drang geht vorbei. Und wenn man später von der Erinnerung besucht wird, dann klagt man die Menschen an, als neuen Beweis dafür, dass man sich selbst verloren hat und die Identität unter den verloren gegangenen Sachen liegt.

Aber der, der schweigt, klagt niemanden an, außer sich selbst, er beleidigt niemanden durch sein Streben; denn es ist seine siegreiche Überzeugung, dass in jedem Menschen dieses Mitwissen mit dem Ideal da ist und da sein kann, das alles fordert und nur in der Vernichtung vor Gott tröstet.

Lasst also den, der der Wortführer der Mittelmäßigkeit sein will, gegen ihn grunzen und lärmen: wenn es gestattet ist, sich gegen einen Räuber auf der Landstraße zu wehren,

so gibt es auch eine erlaubte und vor allem Gott gefällige
Notwehr gegen die Nachstellungen der Mittelmäßigkeit –
und das ist Schweigen.

Abschließende unwissenschaftliche Nachschrift, 1846

Es ist schon sonderbar, die schwachen Seiten des Menschen
nähern sich Klangfiguren, die beim richtigen Bogenstrich
beständig zum Vorschein kommen, weit mehr an als die
guten Seiten des Menschen, sie scheinen gleichsam eine Na-
turnotwendigkeit in sich zu haben, während man so oft
darüber betrübt ist, dass die guten Seiten Inkonsequenzen
unterliegen.

Über den Begriff der Ironie, 1841

Oh, dieses menschliche Herz, was verbirgst du nicht in deinem geheimnisvollen Käfig, unbekannt für andere – das
wäre nicht das Schlimmste –, aber bisweilen nahezu unbekannt für den Betreffenden selbst! Es ist doch beinahe,
sobald ein Mensch nur ein wenig zu Jahren gekommen ist,
dann ist es doch beinahe wie eine Grabstätte, dieses menschliche Herz! Da liegen sie begraben, begraben in Vergessenheit: Gelöbnisse, Vorsätze, Entschlüsse, ganze Pläne und
Bruchstücke von Plänen und Gott weiß was –

Der Augenblick, 1855

Betrüg dich nicht selbst, fürchte dich von allen Betrügern
am meisten vor dir selbst.

Der Augenblick, 1855

Es gehört Mut dazu, nicht dem klugen oder mitleidigen
Rat der Verzweifelung nachzugeben, der einem erlaubt, sich
selbst aus der Zahl der Lebenden zu tilgen; aber daraus folgt

41

mitnichten, dass jeder Speckhöker, der in Selbstzufrieden-
heit dick und fett wird, mehr Mut hat als der, der der
Verzweifelung nachgab. Es gehört Mut dazu, wenn der
Kummer einen verführen will, wenn er uns lehren will, alle
Freude zu Wehmut zu verfälschen, alle Sehnsucht zu Entbeh-
rung, alle Hoffnung zu Erinnerung, es gehört Mut dazu,
dann fröhlich sein zu wollen; aber daraus folgt mitnichten,
dass jedes erwachsene alte Kind mit seinem süßlichen Lächeln und seinen freudetrunkenen Augen mehr Mut hat als
der, der sich vor Kummer beugt und zu lächeln vergisst.

Über den Begriff der Ironie, 1841

Man sagt, niemand kann den Tod erleben, bevor er wirklich stirbt, was mir als ein krasser Materialismus vorkommt.

Furcht und Zittern, 1843

Die Unschuld ist keine Vollkommenheit, die man sich zu-
rückwünschen soll; denn sobald man sie sich wünscht, ist sie
verloren, und dann ist es eine neue Schuld, die Zeit mit Wünschen zu vertrödeln.

Der Begriff Angst, 1844

So wie das Wünschen die übelste aller Solokünste ist, so ist
das Mitleidhaben in dem Sinne, wie es gewöhnlich einge-
setzt wird, die übelste aller gesellschaftlicher Kunstfertigkei-
ten und Geschicke. Das Mitleid ist so weit davon entfernt,
dem Leidenden zu Gute zu kommen, dass man mit ihm eher
seinen Egoismus befriedigt.

Der Begriff Angst, 1844

Es ist immer leichter, seine Vortrefflichkeit dadurch zu beweisen, dass man allen gegenüber anspruchsvoll ist, als durch Strenge sich selbst gegenüber.

Der Liebe Tun, 1847

Kein Spiegel ist so genau wie der Wunsch, und während ein Spiegel sonst bisweilen dem schmeichelt, der sich darin sieht, und ihn anders zeigt als er wirklich ist, muss man über den Wunsch sagen, dass er mit Hilfe der Möglichkeit schmeichelnd dazu verführt, sich ganz so zu zeigen, wie man ist, und sich selbst zu gleichen.

Erbauliche Reden in verschiedenem Geist, 1847

Es gibt wohl keinen jungen Menschen mit einiger Phantasie, der sich nicht irgendwann einmal vom Zauber des Theaters gefangen gefühlt und gewünscht hätte, selbst in diese künstliche Wirklichkeit hineingerissen zu werden, um sich selbst als Doppelgänger zu sehen und zu hören, um sich selbst aufzuteilen in seiner möglichen Unterschiedlichkeit von sich selbst – aber doch so, dass jede Unterschiedlichkeit wieder er selbst wäre.

Natürlich äußert sich ein derartiges Verlangen in einem sehr jungen Alter. Denn allein die Phantasie ist erwacht zu ihrem Traum von der Persönlichkeit, alles andere schläft noch ruhig und sorglos.

In solch einer Selbstbeschau der Phantasie ist das Individuum keine wirkliche Gestalt, sondern ein Schatten, oder besser, die wirkliche Gestalt ist unsichtbar vorhanden und begnügt sich daher nicht damit, nur einen Schatten zu werfen; das Individuum hat vielmehr vielfältige Schatten, die ihm alle ähnlich und für Momente berechtigt sind, er selbst zu sein.

Die Persönlichkeit ist noch nicht entdeckt, ihre Energie kündigt sich nur in der Leidenschaft der Möglichkeiten an; denn es ergeht dem geistigen Leben wie vielen Pflanzen – der Herztrieb kommt zuletzt.

Doch diese Schattenexistenz fordert auch eine Befriedigung, und für einen Menschen ist es niemals hilfreich, wenn er keine Zeit bekäme sich auszuleben, während es andererseits traurig oder komisch ist, wenn das Individuum sich fehlerhaft darin ausleben würde. Die Ansprüche eines solchen Menschen, ein wirklicher Mensch zu werden, bleiben also ebenso zweifelhaft wie die Forderung *derer* nach Unsterblichkeit, die nicht einmal imstande sind, am Tag des Jüngsten Gerichts persönlich zu erscheinen, sondern sich durch eine Abordnung von guten Vorsätzen, Eintagsbeschlüssen, Halbstundenplänen usw. vertreten lassen.

Die Hauptsache ist, dass jedes Ding zur rechten Zeit geschieht. Alles hat seine Zeit in der Jugend, und was dort seine Zeit gehabt hat, erhält man später zurück; für den Älteren ist es ebenso gesund, in seinem Leben etwas Vergangenes zu haben, dem er Lachen schuldet, wie etwas Vergangenes, das Tränen fordert.

Die Wiederholung, 1843

Jeder Mensch will gern dankbar sein für das Gute, das er empfängt, doch das Herz eines jeden Menschen ist auch schwach genug, gern selbst bestimmen zu wollen, was das Gute ist.

Zwei erbauliche Reden, 1843

Geduld ist eine Stärke der Seele, die für jeden Menschen notwendig ist, um im Leben sein Ziel zu erreichen.

Vier erbauliche Reden, 1843

Nur ein schwacher und weibischer Mensch will sofort recht haben, will sofort im Äußerlichen siegen, gerade weil er schwach ist und daher einen äußeren Beweis dafür haben muss – dass er der Stärkste ist; der, der in Wahrheit die Macht hat und in Wahrheit der Stärkste ist, der räumt dem Ohnmächtigen ruhig einen Spielraum ein, er gesteht ihm gleichsam den Anschein zu, der Stärkere zu sein.

Erbauliche Reden in verschiedenem Geist, 1847

Wer der Zukunft hoffend entgegenblickt, den kann das Vergangene in keinem Augenblick versteinern; denn er kehrt ihm ja beständig den Rücken zu.

Zwei erbauliche Reden, 1844

Wer von der Welt betrogen wird, kann doch hoffen, in einer anderen Zeit, unter anderen Umständen nicht enttäuscht zu werden; aber wer sich selbst betrügt, bleibt ständig betrogen, selbst wenn er bis an die äußerste Grenze der Welt fliehen würde; denn sich selbst kann er nicht entfliehen.

Zwei erbauliche Reden, 1844

Es gibt eine Weisheit, die beinahe das Versteck der Geistesschwäche wählt und die in den Augen der Menschen durch ihre merkwürdige Bewegtheit für alles ausreicht. Doch der Seufzer, der Ausbruch und die Regung gehen niemanden etwas an, niemanden auf der ganzen Welt, auch den nicht, aus dessen Herzen der Seufzer ertönt. Solch kurzes Wort, durch das das Herz zerspringen möchte, solch eine Herzenssprache – nicht so vollkommen wie die Sprache des Gedankens, sondern in Stimmung erzitternd – wird zuweilen in der Welt gehört. Kein Licht auf irgendeinem Steg will sie sein, denn die Sonne scheint am Tage auf des Menschen Weg, und der

Mond leuchtet ihm in der Nacht, das Irrlicht im Nachtnebel aber will nicht leuchten, nicht einmal für sich selbst.

Wenn das Leben eines Menschen sich zum Abend neigt, wenn er müde und nachdenklich mit dem Tod als seinem einzigen Vertrauten umgeht, wenn der Geist die Kraft verloren hat, ernsthaft die Rechnung abzuschließen, und der Tod zum Tröster geworden ist, wenn Wille und Vorsatz nichts mehr begehren, der Gedanke aber unbestimmt im Erlebten herumtastet, während das Vergessen wie ein eifriger Knecht von früh bis spät im Dienste des Trösters arbeitet, und die Jugend wie ein Traum an der Seele vorüberzieht, dann sagt ein solcher Mensch zu sich selbst, während sein Geist an die schönste Bedeutung des Lebens denkt, und wie diese ihn einst berührte: Wohl dem, der es getan!

Wenn aber neben ihm ein junger Mensch stände, an den das Leben noch alle seine Forderungen hätte, würde er nicht so sprechen. Nur wenn er allein dasäße, hingesunken wie eine Ruine, sich in Wehmut verlierend, nur dann sagt er es, nicht zu irgendeinem Menschen, nicht zu seiner eigenen Seele, sondern er sagt es vor sich hin: Wohl dem, der es getan. Und wie der Heilkundige weiß, dass es einen Zug im Gesicht gibt, der den Tod bedeutet, so weiß der Seelenkundige, dass dieser Ausbruch das Verlöschen des Geistes bedeutet.

Drei erbauliche Reden, 1844

So wie es eine mittelmäßige Existenz ist, wenn der Mann jede Kommunikation mit der Kindheit abgeschnitten hat und nur noch fragmentarisch ein Mann ist, so ist es auch eine schlechte Existenz, wenn ein Denkender, der ja gleichzeitig ein Existierender ist, Phantasie und Gefühl verloren hat, was genau so schlimm ist wie den Verstand zu verlieren.

Abschließende unwissenschaftliche Nachschrift, 1846

Die Jugend versteht, dass Gott die Welt erschaffen hat, im-
merhin ist das schon sechstausend Jahre her. Aber sie versteht es sofort – was nicht verwundert; denn was sind für die
Jugend sechstausend Jahre anderes als der gestrige Tag.
Wenn man älter wird, sind sechstausend Jahre viele Jahre,
dann spürt man, dass es sechstausend Jahre her ist seit der
Erschaffung der Welt, und auch sechstausend Jahre, dass alles sehr gut war.

Drei erbauliche Reden, 1844

Wenn man älter wird, überprüft man seine Gedanken recht
häufig und hält sich damit auf. Denn man wächst am besten
im Verborgenen, ein Mensch wächst, körperlich gesehen,
nie so sehr wie in den neun Monaten, die er im Mutterleib
liegt, und, geistig gesehen, nie so sehr wie in dem verborgenen Leben der Jugend, wo er ein göttliches Wachstum
wächst. Je älter man wird, um so ausführlicher wird die Bi-
lanz, doch der Gedanke an den Schöpfer, von dem der
Schulmeister der Kindheit so viel gesprochen hat, ist der, der
»im Sinn« zu behalten ist, und wird irgendwo dieses »im
Sinn Behaltene« vergessen, rechnet man überall falsch.

Drei erbauliche Reden, 1844

Der Humorist erfasst das Tiefsinnige, aber im gleichen
Augenblick fällt ihm ein, dass es die Mühe nicht wert ist,
sich darauf einzulassen, es zu erklären. Diese Zurücknahme
ist der Scherz.

Abschließende unwissenschaftliche Nachschrift, 1846

Wer im Umfeld der Leidenschaft experimentiert und sich so
selbst von allen strahlenden und lächelnden Aussichten ausschließt, Privatdozent zu werden, und die damit verbunde-

nen Einkünfte ausschlägt: der muss zumindest ein kleines humoristisches Entgelt bekommen, weil er sich etwas so zu Herzen nimmt, was andere, nach weit Höherem strebend, als Bagatelle ansehen: das kleine humoristische Entgelt, das seine Leidenschaft, den Sinn für das Komische, schärft. Wer sich, obschon ein Menschenfreund, dem aussetzt, als Egoist verabscheut zu werden, da er sich wegen anderer nicht objektiv um das Christentum kümmert, der muss in seiner Funktion als Freund des Lachens einen kleinen Schadenersatz erhalten; es geht doch wirklich nicht an, dass man nur die Schande, aber keinen Vorteil davon hat, Egoist zu sein: dann ist man ja kein Egoist.

Abschließende unwissenschaftliche Nachschrift, 1846

Wer mit dem Gegenwärtigen kämpft, kämpft mit einem einzelnen Ding, gegen das er seine ganze Macht einsetzen kann. Wenn daher ein Mensch mit nichts anderem zu kämpfen hätte, wäre es möglich, dass er siegreich durch sein ganzes Leben ginge, jedoch ohne sich selbst oder seine Kraft kennen zu lernen.

Wer mit dem Zukünftigen kämpft, hat einen gefährlicheren Feind, er kann über sich selbst nicht in Unkenntnis bleiben, denn er kämpft mit sich selbst. Das Zukünftige besitzt nichts, es zieht seine Kraft aus dem Menschen selbst, und wenn es ihm die Kraft entlockt hat, dann zeigt es sich unabhängig von ihm als der Feind, dem er begegnen sollte.

Ein Mensch könnte nun so stark sein, wie er wolle, doch niemand ist stärker als er selbst. Daher sehen wir im Leben häufig Menschen, die in allen Kämpfen siegreich waren, wenn sie es aber mit einem zukünftigen Feind zu tun bekamen, wurden sie ohnmächtig und ihr Arm erlahmte. Während sie sonst wahrscheinlich gewohnt waren, die ganze

Welt zum Streit herauszufordern, so hatten sie nun einen Feind gefunden, eine verschwommene Gestalt, der es gelang, sie zu erschrecken.

Zwei erbauliche Reden, 1843

Trotz ist Schwäche und Ohnmacht, der sich selbst unglücklich macht, weil er Schwäche und Ohnmacht nicht sein will, Trotz ist das unglückliche Verhältnis von Schwäche und Ohnmacht zur Überlegenheit; ebenso wie der Neid sich selbst quält, weil er nicht sein will, was er im Grunde ist, Bewunderung.

Christliche Reden, 1848

Angst ist die bewegende Kraft, durch die sich uns die Trauer ins Herz bohrt. Nur ist die Bewegung nicht so schnell wie die eines Pfeiles, sie vollzieht sich allmählich, sie ist nicht mit einem Mal vorbei, sie ist beständig.

Entweder-Oder, Der Widerschein des antiken Tragischen im modernen Tragischen, 1843

Die Schuld festzuhalten, ist die Leidenschaft der Reue, stolz und begeistert verachtet sie das Gerede über Vergessen und Linderung, und besorgt misstraut sie sich selbst.

Stadien auf des Lebens Weg, »Schuldig?« – »Nicht Schuldig?«, 1845

Der Irrtum des Zweifelnden und des Verzweifelten liegt nicht in der Erkenntnis, denn die Erkenntnis kann mit Gewissheit schon über den nächsten Augenblick nichts mehr sagen, der Irrtum liegt im Willen, der plötzlich nicht mehr will, sondern vielmehr das Unbestimmbare zu einer leidenschaftlichen Entscheidung machen will.

Zwei erbauliche Reden, 1844

Gib einem Menschen Energie, Leidenschaft, und er ist alles.

*Entweder-Oder, Das Gleichgewicht zwischen dem Ästhetischen und
dem Ethischen in der Herausarbeitung der Persönlichkeit, 1843*

Die Existenz eines Genies ist immer wie ein Märchen, wenn es ihm im eigentlichen Sinn nicht gelingt, in sich selbst einzukehren. Das Genie vermag alles, und doch ist es abhängig von einer Kleinigkeit, die niemand begreift, eine Kleinigkeit, der das Genie selbst durch seine Allmacht wieder eine allmächtige Bedeutung verleiht.

Daher kann ein Unterleutnant[1], wenn er ein Genie ist, Kaiser werden und die Welt so umgestalten, dass es nur noch ein Kaiserreich und einen Kaiser gibt.

Doch kann sich die Armee bereits zum Kampf formiert haben, die Schlachtbedingungen können absolut günstig sein, die Situation ist vielleicht im nächsten Augenblick schon verspielt, und ein Königreich von Helden fleht darum, dass das Kommando gegeben wird, aber er kann es nicht, er muss bis zum 14. Juni warten, und warum? Weil dies der Tag der Schlacht von Marengo[2] war.

Darum kann alles bereit sein, er selbst vor der Front der Legionen stehen, bloß darauf wartend, dass die Sonne aufgeht und ihm ein Zeichen gibt für die Rede, die die Soldaten entflammen soll, und die Sonne kann herrlicher denn je aufgehen, ein begeisternder und entflammender Anblick für jeden, nur nicht für ihn, denn so prächtig ging sie bei Aus-

1 Gemeint ist Napoleon, den viele dänische Autoren der Spätromantik bewunderten.
2 Sieg Napoleons in der Schlacht bei Marengo in Oberitalien gegen die Österreicher am 14. Juni 1800.

terlitz[1] nicht auf, und nur die Sonne von Austerlitz bringt Sieg und Begeisterung.

Daher die unerklärliche Leidenschaft, mit der so einer oftmals gegen einen gänzlich unbedeutenden Mensch wüten kann, auch wenn er sonst selbst gegen Feinde Menschlichkeit und Liebenswürdigkeit zu zeigen imstande ist. Ja, wehe dem Mann, wehe der Frau, wehe dem unschuldigen Kind, wehe dem Tier auf dem Feld, wehe dem Vogel, dessen Flug, wehe dem Baum, dessen Ast ihm in dem Augenblick in die Quere kommt, da er sein Warnsignal erwartet.

Das Äußerliche als solches bedeutet nichts für das Genie, daher kann ihn niemand verstehen. Alles beruht darauf, wie er es in der Gegenwart seines heimlichen Freundes (des Schicksals) versteht. Das Ganze könnte verloren gehen, der einfältigste und der klügste Mensch können sich darin einig sein, ihm von dem fruchtlosen Versuch abzuraten. Doch das Genie weiß, dass es stärker ist als die ganze Welt, sofern sich an diesem Moment kein zweifelhafter Kommentar zu der unsichtbaren Schrift findet, aus der er den Willen des Schicksals liest. Liest er sie nach Wunsch, dann sagt er mit seiner allmächtigen Stimme zum Schiffer: »Segle du nur, du transportierst Caesar und sein Glück.« Alles könnte gewonnen werden, und im gleichen Augenblick, in dem er die Nachricht bekommt, klingt vielleicht ein Wort mit, dessen Bedeutung kein Geschöpf, kein Gott im Himmel versteht (denn in gewissem Sinn versteht nicht einmal er das Genie), und das Genie sinkt ohnmächtig zusammen.

Auf diese Weise existiert das Genie außerhalb des Allge-

1 Sieg Napoleons in der Schlacht bei Austerlitz in Südmähren gegen das vereinigte russisch-österreichische Heer am 2. Dezember 1805. In der aufgehenden Morgensonne konnte Napoleon trotz Nebel die gegnerischen Truppenbewegungen erkennen.

meinen. Groß ist er durch seinen Glauben an das Schicksal, denn entweder siegt er, oder er fällt; er siegt durch sich selbst, und er fällt durch sich selbst, oder besser, beide Male durch das Schicksal. Im Allgemeinen wird seine Größe nur bewundert, wenn er siegt, und doch ist er niemals größer als in dem Augenblick, in dem er durch sich selbst fällt. Dies muss man nämlich so verstehen, dass das Schicksal sich nicht auf eine äußerliche Art ankündigt.

Wenn er aber in dem Moment die zweifelhafte Lesart entdeckt, da, menschlich gesprochen, alles gewonnen ist, und nun zusammensinkt, so muss man wohl ausrufen: Welch Gigant war nötig, ihn zu stürzen. Und doch vermochte es niemand, außer ihm selbst. Dieser Glaube, der Weltreiche und Länder seiner gewaltigen Hand unterwarf, während die Menschen glaubten, ein Märchen zu sehen, derselbe Glaube ließ ihn stürzen, und sein Fall war ein noch unergründlicheres Märchen.

Der Begriff Angst, 1844

Das Große verkaufen die Götter nicht umsonst.

Entweder-Oder, Die ästhetische Gültigkeit der Ehe, 1843

Die Wahrheit zu wagen gibt dem Menschenleben und den menschlichen Verhältnissen Nachdruck und Sinn, dies zu wagen ist der Springquell der Begeisterung.

Vier erbauliche Reden, 1844

In der Umgangssprache ist davon die Rede, dass man sich leicht macht, wenn man die Lasten abwirft, und diese Betrachtung liegt allen trivialen Lebensanschauungen zugrunde. Im höheren, im poetischen und philosophischen Verstand gilt das Gegenteil: man wird leicht mit Hilfe von

– Gewicht; man schwingt sich hoch und frei mit Hilfe – eines Drucks. Die Himmelskörper schweben auf diese Weise mit Hilfe eines großen Gewichts; der Vogel fliegt mit Hilfe eines großen Gewichts; das leichte Schweben des Glaubens erfolgt mit Hilfe eines ungeheuren Gewichts; der höchste Schwung der Hoffnung kommt gerade durch die Hilfe von Not und dem Druck der Widerwärtigkeiten zustande.

Die Krise und eine Krise im Leben einer Schauspielerin, 1848

Du siehst den Strahl des Wassers, wie er sich hoch in die Luft erhebt, du siehst nicht den Druck; du siehst nicht, dass es den Druck gibt und dass es durch den Druck geschieht. Es gibt den Druck, der niederdrückt, aber es gibt ja auch den Druck, der erhebt.

Christliche Reden, 1848

Den Frauen gewidmet

Mit einem Knall muss sich der Liebe Blüte öffnen, das Gefühl will wie Champagner seinen Verschluss mit Macht
durchbrechen

Entweder-Oder, Die erste Liebe, 1843

Was ist es bloß für eine Kraft, mit der Don Juan verführt? Es
ist die Energie der Begierde, der sinnlichen Begierde. In jeder
Frau begehrt er die ganze Weiblichkeit, und darin liegt die
sinnlich idealisierende Macht, mit der er seine Beute gleichzeitig verschönt und besiegt. Der Abglanz dieser giganti-
schen Leidenschaft verschönt und entwickelt das Begehrte,
es errötet in erhöhter Schönheit durch deren Widerschein.

Entweder-Oder, Die unmittelbaren erotischen Stadien
oder das Musikalisch-Erotische, 1843

Es ist keine Kunst, ein Mädchen zu verführen, aber ein
Glück ist es, eine zu finden, die wert ist, verführt zu werden.

Entweder-Oder, Tagebuch des Verführers, 1843

Don Juan hat nicht allein Glück bei den Mädchen, sondern
er macht die Mädchen glücklich und – unglücklich; aber es
ist schon merkwürdig, gerade so wollen sie es haben, und es
wäre ein eigenartiges Mädchen, das sich nicht wünschte,
unglücklich zu werden, nur um einmal mit Don Juan glücklich gewesen zu sein.

Entweder-Oder, Die unmittelbaren erotischen Stadien
oder das Musikalisch-Erotische, 1843

Lasst die Kirchenlehrer über Madonnas Himmelfahrt streiten, mir kommt sie nicht unbegreiflich vor, denn Madonna
gehörte nicht mehr zu dieser Welt; die Leichtigkeit eines jungen Mädchens aber, die ist unbegreiflich und spottet dem
Gesetz der Schwerkraft.

Entweder-Oder, Tagebuch des Verführers, 1843

Welche verjüngende Macht hat doch ein junges Mädchen,
nicht die Frische der Morgenluft, nicht das Sausen des Win-
des, nicht die Kühle des Meeres, nicht der Duft des Weines,
nicht seine Lieblichkeit – nichts in dieser Welt hat diese verjüngende Macht.

Entweder-Oder, Tagebuch des Verführers, 1843

Ursprünglich gab es nur ein Geschlecht, so erzählen es die
Griechen – das des Mannes. Herrlich ausgestattet war er, so
dass er den Göttern zur Ehre geriet; so herrlich ausgestattet,
dass es den Göttern erging, wie es bisweilen einem Dichter
ergeht, der all seine Kraft in seiner dichterischen Schöpfung
verbraucht hat: Sie wurden neidisch auf den Menschen. Ja,
und was noch schlimmer war, sie fürchteten ihn, dass er sich
nur widerwillig unter ihr Joch beugen wolle, sie fürchteten,
wenn auch ohne Grund, dass er den Himmel selbst ins Wan-
ken bringen könne. So hatten sie eine Kraft heraufbeschwo-
ren, die zu bezwingen sie sich kaum zutrauten.

Es herrschte Unruhe und Sorge im Rat der Götter. Viel
hatten sie aufgebracht, um den Menschen zu erschaffen, es
war großmütig; nun musste alles gewagt werden, es war
Notwehr, denn alles war aufs Spiel gesetzt, so meinten die
Götter, denn der Mann konnte nicht einfach zurückgerufen
werden wie ein Dichter seinen Gedanken zurücknimmt. Mit
Gewalt war er nicht zu bezwingen, denn dann hätten die

55

Götter ihn selbst bezwingen können, ebendas aber war es, woran sie zweifelten. Er musste durch eine Macht gefangen und bezwungen werden, die schwächer war als seine eigene und doch stärker, stark genug, ihn zu bezwingen. Welch eine wunderbare Macht musste das sein!

Doch Not lehrt selbst die Götter, sich in ihrer Erfindungskraft zu übertreffen. Sie suchten und grübelten und fanden. Diese Macht war die Frau, das Wunder der Schöpfung, selbst in den Augen der Götter ein größeres Wunder als der Mann; eine Entdeckung, für die sich die Götter in ihrer Naivität nicht genug selbst loben konnten. Was aber lässt sich mehr zur Ehre der Frau sagen, als dass ihr gelingen sollte, was selbst die Götter sich nicht zutrauten, und was aber lässt sich mehr sagen, als dass es ihr gelang; wie wunderbar muss sie sein, um so etwas zu können! Es war eine List der Götter.

Hinterlistig war die Zauberin geschaffen, im gleichen Augenblick, in dem sie den Mann verzauberte, verwandelte sie sich und fesselte ihn bis in alle Weiten der Endlichkeit. Das war der Wille der Götter. Was aber kann lieblicher, begehrenswerter und verzaubernder sein als das, was die Götter, als sie um ihre Macht kämpften, erdachten, das einzige, was den Mann verlocken konnte. Und wahrlich, es ist so, die Frau ist das einzig und am meisten Verführerische im Himmel und auf Erden. Vergleicht man beide Geschlechter, ist der Mann etwas höchst Unvollkommenes.

Und die List der Götter ist gelungen. Und doch gelang sie nicht immer. Zu allen Zeiten gab es einzelne Männer, die den Betrug durchschauten. Wohl sahen sie die Herrlichkeit der Frau, mehr als jeder andere, aber sie ahnten den Zusammenhang. Diese Männer nenne ich Erotiker, ich zähle mich selbst zu ihnen; Männer nennen sie Verführer, Frauen haben für sie keinen Namen, für sie ist so einer unbenennbar. Diese Erotiker sind die Glücklichen. Sie leben vortrefflicher als die Götter, denn sie essen ausschließlich das, was köstlicher ist als Ambrosia, und trinken nur, was lieblicher ist als Nektar: Sie speisen den verführerischsten Einfall der schlauesten Gedanken der Götter, sie essen stets nur die verlockende Kost, oh, Wollust ohnegleichen, oh, selige Lebensweise, sie essen stets nur den Köder – aber sie werden nie gefangen.

Die anderen Männer greifen zu, essen den Köder wie Bauern Gurkensalat und werden gefangen. Nur der Erotiker weiß die verlockende Speise zu schätzen, unendlich zu schätzen. Die Frau ahnt das, und daher existiert ein heimliches Einverständnis zwischen ihm und ihr. Aber auch er weiß, dass es sich um einen Köder handelt, doch dieses Geheimnis behält er für sich.

Dass sich nichts Wunderbareres, nichts Lieblicheres, nichts Verführerischeres denken lässt als eine Frau, dafür bürgen die Götter, und die Not, die ihre Erfindungsgabe schärfte, bürgt wiederum dafür, dass sie alles gewagt und bei der Erschaffung ihres Wesens die Kräfte des Himmels und der Erde bewegt haben.

Stadien auf des Lebens Weg, In vino veritas,
Rede Johannes des Verführers auf die Frau, 1845

So mancher Mann ist durch ein Mädchen zu einem Genie geworden, manch ein Mann ist durch ein Mädchen zu einem Helden geworden, manch ein Mann wurde Dichter durch ein Mädchen, manch ein Mann wurde Heiliger durch ein Mädchen – aber er wurde kein Genie durch das Mädchen, das er bekam, denn durch sie wurde er nur Etatsrat; er wurde kein Held durch das Mädchen, das er bekam, denn durch sie wurde er nur General; er wurde kein Dichter durch das Mädchen, das er bekam, denn durch sie wurde er nur Vater; er wurde kein Heiliger durch das Mädchen, das er bekam, denn er bekam gar keins, und wollte doch nur eine einzige, die er nicht bekommen hat; genau wie jeder der anderen ein Genie, ein Held oder ein Dichter mit Hilfe des Mädchens wurde, das sie nicht bekamen.

Stadien auf des Lebens Weg, In vino veritas, 1845

Heirate, du wirst es bereuen; heirate nicht, du wirst es ebenfalls bereuen; heirate oder heirate nicht, beides wirst du bereuen.

Entweder-Oder, Diapsalmata, 1843

Ein Verstorbener ist eine der amüsantesten Figuren, mit der man im Leben zusammentreffen kann. Merkwürdig genug, dass sie nicht häufiger auf der Bühne verwendet wird, im Leben sieht man ab und zu so jemanden. Schon ein ehemaliger Scheintoter hat im Grunde eine komische Merkwürdigkeit, aber ein wirklich Verstorbener bietet alles, was man mit Billigkeit als Beitrag zum Komischen verlangen kann.

Aber gib bloß acht: Ich selbst bin eigentlich erst darauf aufmerksam geworden, als ich eines Tages mit einem Bekannten durch die Straße ging. Wir begegneten einem vorübergehenden Paar. Aus der Miene meines Bekannten schloss ich, dass er die beiden kannte, und fragte ihn danach. »Nun ja«, antwortete er, »besonders die Dame kenne ich sehr genau, denn es war meine Verstorbene.« »Welche Verstorbene?« fragte ich. »Nun! Meine verstorbene erste Liebe; ja, es ist eine merkwürdige Geschichte; sie sagte: ›ich sterbe‹, und im gleichen Augenblick verschied sie ganz natürlich, sonst hätte man noch in die Witwenkasse einzahlen können. Es war zu spät; tot war sie und tot blieb sie, und ich wandele nun, wie der Dichter sagt, umher und suche vergeblich das Grab der Geliebten, um ihr eine Träne zu opfern.«

Soweit der gramgebeugte Mann, der einsam in der Welt stand, obgleich es ihn doch tröstete, die selige Geliebte bereits ganz woanders zu finden, wenn auch nicht durch einen anderen, so doch mit einem anderen. Für die Mädchen, dachte ich, ist es doch gut, dass sie nicht jedes Mal, wenn sie sterben, begraben werden müssen; und haben Eltern bisher die Jungen als das Kostspieligste angesehen, so könnten auf diese Weise Mädchen sehr leicht noch größere Kosten verursachen.

Ein einfacher Seitensprung ist bei weitem nicht so amüsant, ich meine, wenn ein Mädchen sich in einen anderen verliebt und zu ihrem Mann sagt: Ich halte es nicht aus, rette mich vor mir selbst. Aber vor Kummer zu sterben, weil sie es nicht aushalten kann, dass der Geliebte fern von ihr auf einer Reise nach Westindien ist, sich damit abfinden zu müssen, dass er reist, und dann bei seiner Heimkehr nicht nur nicht tot zu sein, sondern für immer an einen anderen gebunden, das ist wirklich ein sonderbares Schicksal für einen Liebenden.

Was wundert es da noch, dass der gramgebeugte Mann sich bisweilen mit dem Refrain eines alten Liedes tröstete: »Hurra für dich und mich sag ich, der Tag wird unvergesslich!«

Stadien auf des Lebens Weg, In vino veritas, 1845

Das Weib ist schwach, heißt es, Sorgen und Kummer kann sie nicht ertragen, man muss mit den Schwachen und Gebrechlichen in Liebe umgehen. Unwahrheit! Unwahrheit! Die Frau ist genauso stark wie der Mann, vielleicht sogar stärker. Und begegnest du ihr denn tatsächlich in Liebe, wenn du sie derart demütigst? Oder wer gab dir das Recht, sie zu demütigen, beziehungsweise wie kann deine Seele so verblendet sein, dass du dich für ein vollkommeneres Wesen hältst als sie?

Entweder-Oder, Die ästhetische Gültigkeit der Ehe, 1843

Genuss

Die meisten Menschen streben so sehr nach Genuss, dass sie an ihm vorübereilen. Es geht ihnen wie jenem Zwerg, der eine entführte Prinzessin in seinem Schloss bewachte. Eines Tages hielt er Mittagsschlaf. Als er eine Stunde später erwacht, war die Prinzessin fort. Rasch zieht er seine Siebenmeilenstiefel an, und mit einem Schritt ist er weit an ihr vorbei.

Entweder-Oder, Diapsalmata, 1843

Der eigentliche Genuss liegt nicht darin, was man genießt, sondern in der Vorstellung. Hätte ich in meinen Diensten einen untertänigen Geist, der, wenn ich ein Glas Wasser verlange, mir die kostbarsten Weine der Welt in einem Pokal lieblich gemischt brächte, würde ich ihn entlassen, bis er gelernt hätte, dass der Genuss nicht darin liegt, was ich genieße, sondern darin, meinen Willen zu bekommen.

Entweder-Oder, Diapsalmata, 1843

Der intensivste Genuss liegt darin, den Genuss mit dem Bewusstsein zu bewahren, dass er im nächsten Augenblick vielleicht verschwindet.

Entweder-Oder, Die ästhetische Gültigkeit der Ehe, 1843

Genießt man frisch weg bis zum Schluss, nimmt man ständig das Beste, was der Genuss bieten kann, so wird man weder imstande sein, sich zu erinnern noch zu vergessen. Man kann sich dann nämlich an nichts anderes erinnern als an eine Übersättigung, die man nur zu vergessen wünscht, die aber nun mit einer unfreiwilligen Erinnerung quält.

Entweder-Oder, Die Wechselwirtschaft, 1843

Zu leben, um seine Lust zu befriedigen, ist doch eine sehr vornehme Einstellung im Leben, und man sieht sie Gott sei Dank selten bis zu Ende geführt. Denn die Mühen des irdischen Lebens lassen den Menschen an anderes denken. Wäre es nicht so, würden wir, daran zweifele ich nicht, oft genug Zeuge dieses fürchterlichen Schauspiels sein, denn so viel ist sicher: Man hört oft genug, wie sich Leute darüber beklagen, sie fühlten sich durch ihr alltägliches Leben behindert, was leider oft nichts anderes heißt, als dass sie sich danach sehnen, sich all der Wildheit hinzugeben, mit der die Lust einen Menschen herumwirbeln kann.

Damit sich diese Absicht aber überhaupt realisieren lässt, muss das Individuum im Besitz einer Vielzahl von äußeren Bedingungen sein, und dieses Glück oder besser dieses Unglück wird selten einem Menschen zuteil; dieses Unglück, denn dieses Glück kommt bestimmt nicht von den gnädigen, sondern von den zornigen Göttern.

Entweder-Oder, Das Gleichgewicht zwischen dem Ästhetischen und dem Ethischen in der Herausarbeitung der Persönlichkeit, 1843

Die Kunst, die Lust zu beherrschen, liegt weniger darin, dass man sie abtötet oder ihr gänzlich entsagt, sondern dass man den Augenblick bestimmt. Nimm welche Lust du willst, ihr Geheimnis, ihre Macht liegt darin, dass sie absolut im Moment ist. Nun hört man oft Leute sagen, das einzige Mittel sei die vollkommene Enthaltsamkeit. Das ist eine ganz falsche Methode, die auch nur eine Zeit lang funktioniert. Denk dir einen Menschen, der dem Spiel verfallen ist.

Die Lust erwacht mit all ihrer Leidenschaft, es ist, als stünde sein Leben auf dem Spiel, wenn sie nicht befriedigt wird; ist er aber imstande, sich selbst zu sagen, in diesem Augenblick will ich nicht, erst in einer Stunde will ich, dann ist er geheilt. Diese Stunde ist die Kontinuität, die ihn rettet.

Entweder-Oder, Das Gleichgewicht zwischen dem Ästhetischen und dem Ethischen in der Herausarbeitung der Persönlichkeit, 1843

Ich will mir zwei Trinker vorstellen, die beide beschlossen haben, nicht mehr zu trinken. Der eine hat feierlich Flasche und Glas aus dem Fenster geworfen und eine totale Abstinenz begonnen, der andere hat wie zuvor Flasche und Glas gefüllt vor sich stehen – aber er trinkt nicht: Welchen der beiden Männer muss man sich als am zuverlässigsten geheilt vorstellen? Man verwechselt so leicht das Physische mit dem Moralischen; die Heilung besteht doch nicht darin, das Glas und die Flasche in Stücke zu schlagen, sondern darin, mit dem Trinken aufzuhören.

Das Buch über Adler, 1847

Hoffnung und Erinnerung

Die Hoffnung ist ein neues Kleid, steif, eng und glänzend, und doch hatte man es nie an und weiß daher gar nicht, wie es einen kleiden wird oder wie es sitzt.

Die Wiederholung, 1843

Erst wenn man die Hoffnung über Bord geworfen hat, erst dann beginnt man künstlerisch zu leben, so lange man hofft, kann man sich nicht begrenzen.

Entweder-Oder, Die Wechselwirtschaft, 1843

Vergessen – das wollen alle Menschen; und wenn ihnen etwas Unangenehmes begegnet, dann sagen sie stets: wer doch vergessen könnte. Aber vergessen ist eine Kunst, die im Voraus geübt werden sollte. Vergessen können hängt immer davon ab, wie man sich erinnert; aber wie man sich erinnert, hängt davon ab, wie man die Wirklichkeit erlebt. Wer sich mit aller Kraft der Hoffnung festrennt, wird sich so erinnern, dass er nicht zu vergessen vermag.

Entweder-Oder, Die Wechselwirtschaft, 1843

In der Erinnerung zu leben ist das vollendetste Leben, das sich denken lässt, die Erinnerung sättigt reichlicher als jede Wirklichkeit.

Entweder-Oder, Diapsalmata, 1843

Die Hoffnung ist eine lockende Frucht, die nicht sättigt. Die Erinnerung ist ein kümmerlicher Zehrpfennig, der nicht sättigt; aber die Wiederholung ist das tägliche Brot, das sättigt und segnet. Hat man das Dasein umrundet, dann wird sich zeigen, ob man den Mut hat zu verstehen, dass das Leben eine Wiederholung ist, und ob man Lust hat, sich darauf zu freuen. Wer das Leben nicht umschifft hat, bevor er begonnen hat zu leben, dem wird es niemals gelingen zu leben; wer es umschifft hat und satt wurde, hat eine schlechte Konstitution; derjenige, der die Wiederholung wählt, lebt.

Die Wiederholung, 1843

Bisweilen ist in der Welt zu hören, dass ein Mensch überhaupt nichts mehr erwartet, bisweilen wird auch gesagt, ein Mensch habe die rechte Sicherheit gewonnen, da er es mit einer gewissen Hinterlist unmöglich werden ließ, Verluste zu akzeptieren; allerdings wird auch zugestanden, dass diese Weisheit erst späteren Ursprungs sein könne, und dass kein Mensch sie direkt von früher Jugend an besitzt.

Ursprünglich war er genau wie jeder Mensch voller Erwartung. Mit einem Lächeln oder einer Träne gesteht man, dass die Erwartung etwas Ursprüngliches in der Seele ist. Solange sie eine lautstarke Begeisterung, ein inneres Brausen ist, solange preist man sie als den schönen oder kindlichen Vorzug der Jugend, als ein Erstgeburtsrecht, das man jedoch in der Not des Lebens für ein Linsengericht hergibt. Solange der Jugend froher Sinn glücklich und zufrieden jubelt, solange gibt man zu, dass es in Ordnung ist, froh und glücklich sein zu wollen; wenn aber die bequeme Stunde des Glücks erkauft sein will, und zwar teuer, dann folgt eine spätere Weisheit, und der Mensch will nicht einmal mehr froh sein, er will betrübt sein und unglücklich.

Wann geschieht das? Es geschieht in der Not, aber wir können es auch auf eine andere Weise ausdrücken, es geschieht, wenn sich zeigt, dass Geduld und Erwartung einan-

der entsprechen. Warum nicht also die Schwierigkeit ver-
kürzen, indem man die Geduld verwirft! Und doch ist es so,
dass Geduld und Erwartung einander entsprechen, und
erst, wenn sich beide gefunden haben, in einem Menschen
finden und einander verstehen, erst dann ist ein Geben und
Nehmen in der Freundschaft vorhanden, die bewahrt werden soll; denn die Erwartung in der Geduld ist wie ein gutes
Wort am rechten Platz, wie ein goldener Apfel in einer Sil-
berschale, keine tote Herrlichkeit, sondern ein Schatz, der
Zinsen bringt.   *Zwei erbauliche Reden, 1844*

Die Erinnerung muss nicht nur genau sein, sie muss auch
glücklich sein; die Abfüllung der Erinnerung muss den Duft
des Erlebten vor dem Verkorken bewahrt haben. So wie sich
Trauben nicht zu jeder Zeit pressen lassen, so wie die Witte-
rung in der Zeit des Kelterns großen Einfluss auf den Wein
hat, ebenso lässt sich auch das Erlebte nicht zu jeder Zeit
oder in jeder Umgebung erinnern oder verinnerlichen.

Stadien auf des Lebens Weg, In vino veritas, 1845

Die Erinnerung hat den großen Vorteil, dass sie mit dem
Verlieren beginnt, darum ist sie sicher, denn sie hat nichts zu
verlieren.   *Die Wiederholung, 1843*

Überhaupt kann es früh genug soweit sein, dass man sich
mit Erinnern begnügen muss; so lange wie möglich muss
man sich den frischen Quell des Lebens offenhalten.

Entweder-Oder, Die ästhetische Gültigkeit der Ehe, 1843

Was macht das Leben eines Kindes so leicht? Dass es so oft
heißt: quitt, und dass da so oft neu begonnen wird. Die
Kindlichkeit der selbstgemachten Reue liegt darin, dass die

Strafe schlimmer ist als die Erinnerung an die Schuld. Nein, die schwerste Strafe ist gerade die Erinnerung.

Für das Kind ist die Strafe das Schwerste, weil das Kind keine Erinnerung hat, und das Kind denkt ungefähr so: Könnte ich nur der Strafe entgehen, dann werde ich glücklich und vergnügt sein. Aber was ist die Innerlichkeit? Es ist Erinnerung. Das Gedankenlose an den durchschnittlichen Dutzendmenschen, die so sind wie die meisten Leute hier in der Stadt, und die sich gleichen wie die Zinnsoldaten in der Schachtel, ist, dass all ihrem Vergleichen ein wahres tertium comparationis[1] fehlt; die kindliche Innerlichkeit bei den Älteren ist die Aufmerksamkeit auf sich selbst, aber das Betrügerische ist die Quittung.

Der Ernst jedoch ist das ewige Erinnern, und das ist eben nicht zu verwechseln mit der Ernsthaftigkeit sich zu verheiraten, Kinder zu kriegen, an Zipperlein zu leiden, beim theologischen Staatsexamen zu examinieren, Ständedeputierter zu sein, oder vielleicht sogar Scharfrichter.

Abschließende unwissenschaftliche Nachschrift, 1846

Zu besitzen ist größer als zu erobern. Wenn man erobert, vergisst man beständig sich selbst, wenn man besitzt, erinnert man sich an sich selbst; nicht zu eitlem Zeitvertreib, sondern mit allem erdenklichen Ernst. Geht man einen Hügel hinauf, hat man nur das andere vor Augen, geht man den Hügel hinunter, muss man auf sich achtgeben, auf das richtige Verhältnis zwischen Stützpunkt und Schwerpunkt.

Entweder-Oder, Die ästhetische Gültigkeit der Ehe, 1843

1 lat.: Drittes, mit dem man vergleichen kann.

Wiederholung und Erinnerung sind die gleichen Bewegungen, nur in entgegengesetzter Richtung; denn an was man sich erinnert, das ist gewesen und wird rückwärts gewandt wiederholt; wohingegen die eigentliche Wiederholung eine nach vorn gerichtete Erinnerung ist. Daher macht die Wiederholung, wenn sie möglich ist, einen Menschen glücklich, während die Erinnerung ihn unglücklich werden lässt, allerdings unter der Voraussetzung, dass er sich Zeit gibt zu leben, und nicht gleich in seiner Geburtsstunde einen Vorwand zu finden sucht, um sich wieder aus dem Leben zu stehlen, z. B. weil er etwas vergessen hat.

Die Wiederholung, 1843

Sich zu erinnern ist überhaupt nicht das Gleiche wie sich etwas merken. Man kann sich eine Begebenheit durchaus Punkt für Punkt merken, ohne sich deshalb an sie zu erinnern. Das Gedächtnis ist nur eine verschwindende Bedingung. Durch das Gedächtnis präsentiert sich das Erlebte, um die Weihe der Erinnerung zu empfangen.

Der Unterschied lässt sich bereits an der Verschiedenheit des menschlichen Lebensalters ermessen. Der Greis verliert das Gedächtnis – überhaupt ist es die Fähigkeit, die zuerst verloren geht. Und doch hat der Greis etwas von einem Dichter, in der Vorstellung des Volkes hat er prophetische Gaben, den Geist Gottes. Doch die Erinnerung ist seine beste Kraft, sein Trost, der ihn mit poetischem Fernblick tröstet. Umgekehrt besitzt die Kindheit in hohem Maß Gedächtnis und Auffassungsgabe, aber überhaupt keine Erinnerung.

Statt also zu sagen, das Alter vergisst nicht, was die Jugend gelernt hat, könnte man vielleicht sagen: An das, was das Kind im Gedächtnis behält, erinnert sich der Greis. Die Brille des Greises ist geschliffen, um auf kurze Distanzen sehen zu können. Wenn die Jugend Brillen benötigt, dienen die Gläser dazu, Entferntes zu sehen, denn es fehlt ihr die Kraft der Erinnerung, die darin besteht, etwas in die Ferne, auf Abstand zu bringen. Die glückliche Erinnerung des Alters ist unterdessen genau wie die glückliche Auffassungsgabe des Kindes eine Gnade der Natur, die mit Vorliebe für die beiden hilflosesten und doch in gewissem Sinne glücklichsten Abschnitte des Lebens sorgt.

Aber darum ist die Erinnerung wie auch das Gedächtnis bisweilen nur der Inhaber von Zufälligkeiten.

Stadien auf des Lebens Weg, In vino veritas, 1845

Es gibt sicherlich manchen Mann, der Erinnerungen aus seinem Leben geschrieben hat, die nicht die Spur einer Erinnerung enthalten, und doch sind diese Erinnerungen ja seine Ausbeute für die Ewigkeit. In der Erinnerung nimmt der Mensch das Ewige in Anspruch. Das Ewige ist human genug, jede Forderung zu honorieren und jeden als zuverlässig anzusehen. Aber das Ewige kann nichts dazu, dass der Mensch sich selbst zum Narren macht – und alles nur im Gedächtnis hat, statt sich zu erinnern, und als Folge davon vergisst, statt sich zu erinnern, denn was nur im Gedächtnis ist, wird auch vergessen.

Stadien auf des Lebens Weg, In vino veritas, 1845

Was das Gedächtnis angeht, kann man sich gut zu gegenseitigem Beistand zusammentun. In dieser Hinsicht sind Festmahlzeiten und Geburtstagsfreuden, Liebespfände und kostbare Andenken ebenso zweckmäßig wie eine Locke, die man in ein Buch legt, um sich zu merken, wo man aufgehört hat zu lesen, und um mit Hilfe der Locke sicher zu sein, dass man das ganze Buch durchgelesen hat. Die Kelter der Erinnerung muss hingegen jeder allein treten. An und für sich liegt darin überhaupt kein Fluch. Sofern man mit einer Erinnerung immer allein ist, ist jede Erinnerung ein Geheimnis. Selbst wenn mehrere daran interessiert sind, was der Gegenstand der Erinnerung bei dem sich Erinnernden ist, ist er mit seiner Erinnerung doch allein, die scheinbare Öffentlichkeit ist nur illusorisch.

Stadien auf des Lebens Weg, In vino veritas, 1845

Derjenige, der nur *eine* Erinnerung besitzt, ist reicher als besäße er die ganze Welt; und nicht nur die Gebärende, sondern allen voran der Erinnernde ist in gesegneten Umständen.

Stadien auf des Lebens Weg, In vino veritas, 1845

Was ist es der Mühe wert, sich *des* Vergangenen zu erinnern, das nicht Gegenwärtiges werden kann?

Furcht und Zittern, 1843

Vom Lernen

Man muss wohl sagen, dass jeder Mensch anstatt *etwas* zu lernen, zuerst einmal *lernen* müsste, was hauptsächlich zu lernen ist.

Erbauliche Reden in verschiedenem Geist, 1847

Derjenige, der dem Lernenden nicht allein die Wahrheit geben will, sondern auch die Bedingung, ist kein Lehrer. Jeder Unterricht beruht darauf, dass die Bedingung letztendlich vorhanden ist; fehlt sie, vermag ein Lehrer nichts; denn anderenfalls müsste er ja den Lernenden nicht umformen, sondern umschaffen, bevor er ihn zu lehren beginnt. Aber das vermag kein Mensch, und soll es geschehen, so muss es durch Gott selbst sein.

Philosophische Brocken, 1844

Indem man lernt zu gehorchen, lernt man zu herrschen, heißt es; aber noch gewisser ist es, dass man andere Gehorsam lehren kann, indem man selbst gehorsam ist.

Die Lilie auf dem Felde und der Vogel unter dem Himmel, 1849

Lehrer zu sein, bedeutet nicht zu sagen: so ist es; es bedeutet auch nicht, Aufgaben aufzugeben und dergleichen, nein, Lehrer zu sein, bedeutet in Wahrheit der Lernende zu sein. Der Unterricht beginnt damit, dass du, der Lehrer, von dem Lernenden lernst, dass du dich in das hineinversetzt, was er verstanden hat und wie er es verstanden hat, wenn du es selbst vorher nicht verstanden hast, oder dass du dich, wenn du es verstanden hattest, gleichsam von ihm abfragen lässt,

71

damit er sicher sein kann, dass du deinen Teil beherrschst: Das ist die Einleitung, so kann in einem anderen Sinn begonnen werden.

Der Gesichtspunkt für meine Wirksamkeit als Schriftsteller,
posthum erschienen, 1859

Wenn es einem wirklich gelingen soll, einen Menschen zu einer bestimmten Stelle zu führen, muss man zuallererst darauf achten, ihn dort zu finden, wo *er* ist, und dort beginnen.

Der Gesichtspunkt für meine Wirksamkeit als Schriftsteller,
posthum erschienen, 1859

Jemand, der Religiöses mitteilt, kann durchaus häufig Angst davor haben, dass er selbst für religiös gehalten wird. Wenn das so ist, zeigt es doch, dass er nicht wirklich religiös ist. Es ist hier genauso, als würde einer, der Lehrer sein will, sich zu sehr mit dem Gedanken beschäftigen, wie die, die er lehren will, ihn, seinen Unterricht, sein Wissen usw. beurteilen.

Ein solcher Lehrer kann sich beim Lehren eigentlich überhaupt nicht bewegen. Angenommen, er sähe es z.B. für die Lernenden als das Richtigste an, über etwas, das er durchaus versteht, zu sagen, er verstünde es nicht: Ei, bewahre, das dürfte er aus Furcht, der Lernende könnte wirklich glauben, er hätte es nicht verstanden, nicht wagen; d.h., obwohl er sich Lehrer nennt, ist er so weit davon entfernt, einer zu sein, dass er eigentlich sein Examen mit Auszeichnung erhalten möchte – vom Lernenden.

Der Gesichtspunkt für meine Wirksamkeit als Schriftsteller,
posthum erschienen, 1859

Ein Mensch kann das Glück haben, viel für den anderen Menschen zu tun, er kann das Glück haben, ihn dahin zu führen, wohin er ihn zu führen wünscht. Einen Menschen zu einer Meinung, einer Überzeugung oder einem Glauben zwingen, das kann ich bis in alle Ewigkeit nicht; aber eines kann ich: Ich kann ihn zwingen, aufmerksam zu sein.

Der Gesichtspunkt für meine Wirksamkeit als Schriftsteller,
posthum erschienen, 1859

Das Selbst

Es kommt nicht nur darauf an, was man sieht, sondern was man sieht, hängt davon ab, wie man sieht; denn alle Betrachtung ist nicht nur ein Empfangen und Entdecken, sondern zugleich auch ein Hervorbringen, und wenn dies so ist, so ist es ja entscheidend, wie der Betrachtende selbst ist.

Drei erbauliche Reden, 1843

Jede tiefere und innerlichere Selbsterkenntnis geschieht unter göttlicher Leitung.

Drei erbauliche Reden, 1844

Man wird nie im Allgemeinen erbaut, ebenso wenig wie ein Haus im Allgemeinen erbaut wird. Erst wenn das Wort von dem Richtigen gesagt wird, unter den richtigen Umständen, auf die richtige Weise, erst dann hat die Aussage alles getan, was sie vermag, um den Einzelnen anzuleiten, aufrichtig zu tun, was man sonst allzu rasch tut: alles auf sich selbst zu beziehen.

Drei erbauliche Reden, 1844

Wie ein Erbe, und sei er auch der Erbe aller Schätze dieser Welt, sein Erbe nicht besitzt, bevor er mündig geworden ist, so ist selbst jemand mit der reichsten Persönlichkeit nichts, bevor er sich selbst gewählt hat; auf der anderen Seite aber ist jemand, den man als die ärmste Persönlichkeit bezeichnen möchte, alles, wenn er sich selbst gewählt hat. Denn das Große heißt nicht, dieses oder jenes, sondern sich selbst zu sein; und das kann jeder Mensch, wenn er es will.

Entweder-Oder, Das Gleichgewicht zwischen dem Ästhetischen und dem Ethischen in der Herausarbeitung der Persönlichkeit, 1843

Es sind nur die niederen Naturen, die das Gesetz ihrer Handlungen in einem anderen Menschen haben, die Voraussetzungen ihrer Handlungen außerhalb ihrer selbst.

Furcht und Zittern, 1843

Was ist denn Bildung? Ich dachte, es sei die Schulung, die der einzelne durchläuft, um sich selbst einzuholen. Wenn jemand diesen Kurs nicht durchlaufen will, so hilft es ihm auch kein bisschen, dass er in dem aufgeklärtesten Zeitalter geboren wurde.

Furcht und Zittern, 1843

Wer sich selbst ewig sein eigen nennt, kommt weder zu früh noch zu spät auf die Welt, und wer sich selbst in seiner ewigen Gültigkeit besitzt, findet schon seine Bedeutung in diesem Leben.

Entweder-Oder, Das Gleichgewicht zwischen dem Ästhetischen und dem Ethischen in der Herausarbeitung der Persönlichkeit, 1843

Es ist lächerlich, wenn Leute, die in allem phantastisch gepfuscht haben und alles mögliche gewesen sind, einmal bekümmert den Pfarrer fragen, ob sie nun wirklich im Jenseits dieselben bleiben – nachdem sie es im Leben nicht vierzehn Tage lang aushalten konnten, dieselben zu sein, und daher alle Verwandlungen erlebt haben. Allerdings wäre die Unsterblichkeit schon eine merkwürdige Metamorphose, wenn sie einen solch unmenschlichen Tausendfüßler in die ewige Identität mit sich selbst verwandeln könnte, also: derselbe zu sein.

Abschließende unwissenschaftliche Nachschrift, 1846

Wer ästhetisch lebt, erwartet, dass alles von außen kommt. Daher die krankhafte Angst vieler Menschen vor dem Schrecklichen, noch nicht zu ihrem Platz in der Welt gelangt zu sein. Wer wollte die Freude, einen wirklich glücklichen Griff in dieser Hinsicht getan zu haben, leugnen; eine derartige Angst jedoch weist immer darauf hin, dass ein Individuum alles von dem Platz erwartet, nichts aber von sich selbst.

Entweder-Oder, Das Gleichgewicht zwischen dem Ästhetischen und dem Ethischen in der Herausarbeitung der Persönlichkeit, 1843

Durch den Umgang des Individuums mit sich selbst wird das Individuum durch sich selbst befruchtet und gebiert sich selbst. Das Selbst, das vom Individuum erkannt wird, ist gleichzeitig das wirkliche Selbst und das ideale Selbst, das das Individuum außerhalb von sich als das Bild hat, zu dessen Ebenbild es sich entwickeln soll, und das es auf der anderen Seite doch bereits in sich hat, da es es selbst ist. Nur in sich selbst hat das Individuum das Ziel, nach dem es streben soll, und doch hat es dieses Ziel außerhalb von sich, indem es danach strebt. Je mehr es davon realisiert, desto mehr schwindet es in ihm, bis es zuletzt, anstatt sich ihm von vorn zu zeigen, hinter ihm liegt wie eine verblichene Möglichkeit. Es verhält sich mit diesem Bild wie mit dem menschlichen Schatten. Am Morgen trägt der Mensch seinen Schatten vor sich her, mittags geht er nahezu unbemerkt neben ihm, und am Abend fällt er hinter ihn. Wenn der einzelne Mensch sich selbst erkannt und gewählt hat, ist er im Begriff, sich selbst zu verwirklichen, da er sich aber frei verwirklichen soll, muss er wissen, was er verwirklichen will. Das, was er verwirklichen will, ist er selbst, aber es ist sein ideales Selbst, das er nirgendwo anders bekommt als in sich selbst. Hielte man nicht daran fest, dass das Individuum das ideale Selbst in sich selbst trägt, wird sein Dichten und Trachten abstrakt. Und wenn jemand einen anderen Menschen oder den normalen Menschen kopieren will, so werden sie beide, wenn auch auf verschiedene Weise, gleichermaßen affektiert.

Entweder-Oder, Das Gleichgewicht zwischen dem Ästhetischen und dem Ethischen in der Herausarbeitung der Persönlichkeit, 1843

Wer sich ethisch selbst gewählt und gefunden hat, hat sich selbst in seiner ganzen konkreten Existenz bestimmt. Er besitzt sich also als ein Individuum, das gewisse Fähigkeiten, gewisse Leidenschaften, gewisse Neigungen, gewisse Gewohnheiten hat und unter gewissen äußeren Einflüssen steht, die auf ihn einerseits diese, andererseits jene Wirkung haben.

Er hat sich sozusagen selbst als Aufgabe, die zunächst darin besteht, zu ordnen, zu bilden, zu mäßigen, zu entflammen und zurückzuhalten, kurzum, ein Gleichgewicht der Seele, eine Harmonie, zuwege zu bringen, die die Frucht der persönlichen Tugenden ist. Das Ziel seiner Tätigkeit ist er selbst, jedoch nicht willkürlich bestimmt, denn er hat sich selbst als Aufgabe, an die er gesetzt ist, obwohl sie zu seiner Aufgabe wurde, weil er sie gewählt hat.

Obwohl er aber selbst sein Ziel ist, so ist dieses Ziel doch gleichzeitig ein anderes; denn das Selbst, sein Ziel, ist kein abstraktes Selbst, das überall und daher nirgends hinpasst, sondern ein konkretes Selbst, das in lebendigem Austausch mit diesen bestimmten Umgebungen steht, diesen Lebensverhältnissen, dieser Ordnung der Dinge. Dieses Selbst, das als Ziel dasteht, ist nicht bloß ein persönliches Selbst, sondern ein soziales, ein bürgerliches Selbst.

Der Mensch hat also sich selbst als Aufgabe für eine Tätigkeit, durch die er als bestimmte Persönlichkeit in die Lebensverhältnisse eingreift. Seine Aufgabe hier ist nicht, sich selbst zu bilden, sondern zu wirken, und doch bildet er gleichzeitig sich selbst.

Entweder-Oder, Das Gleichgewicht zwischen dem Ästhetischen und
dem Ethischen in der Herausarbeitung der Persönlichkeit, 1843

Das Ästhetische in einem Menschen ist das, wodurch er unmittelbar das ist, was er ist; das Ethische ist das, wodurch er wird, was er wird.

Entweder-Oder, Das Gleichgewicht zwischen dem Ästhetischen und
dem Ethischen in der Herausarbeitung der Persönlichkeit, 1843

Die Entwicklung der religiösen Subjektivität hat die merkwürdige Eigenschaft, dass der Weg vor dem Einzelnen entsteht und sich hinter ihm wieder schließt.

Abschließende unwissenschaftliche Nachschrift, 1846

Bei einer Wahl kommt es weniger darauf an, das Richtige zu wählen, als vielmehr auf die Energie, den Ernst und das Pathos, mit denen man wählt. Darin zeigt sich die Persönlichkeit in ihrer inneren Unendlichkeit, und dadurch wird die Persönlichkeit auch wieder konsolidiert.

Entweder-Oder, Das Gleichgewicht zwischen dem Ästhetischen und
dem Ethischen in der Herausarbeitung der Persönlichkeit, 1843

Man kann, wenn ein Mensch er selbst ist, indem er in Gott ist, der an und für sich selbst ist, in anderen und für andere

sein; aber ein Mensch kann nicht er selbst sein, wenn er nur
für andere ist.

Christliche Reden, 1848

Der Mensch ist eine Synthese aus dem Seelischen und dem
Leiblichen, nur ist eine Synthese undenkbar, wenn die Zwei
sich nicht in etwas Drittem einigen können. Das Dritte ist
der Geist.

Der Begriff Angst, 1844

Die prüfende Stille der Verantwortung lehrt, dass man sich
aus der Kraft des Geistes helfen muss. Tat, Handlung, Wirkung, verdientermaßen so oft gepriesen, können jedoch
leicht den Beigeschmack von Zerstreuung haben, so dass
man nicht erfährt, wozu man Kraft des Geistes fähig ist, und
wozu einem die vielfältigen äußeren Impulse verhelfen; auch
entzieht man sich manchem Schrecken, der gar nicht genü-
gend Zeit hat, an einen heranzukommen, aber sich ihm zu
entziehen heißt nicht, dass man ihn überwunden oder sich
selbst verstanden hätte.

Stadien auf des Lebens Weg, »Schuldig?« – »Nicht Schuldig?«, 1845

Die Reinheit des Herzens ist es, Eines zu wollen.

Erbauliche Reden in verschiedenem Geist, 1847

Soll ein Mensch in Wahrheit Eines wollen, dann muss doch
das Eine, das er will, so sein, dass es bei allen Veränderungen
unverändert bleibt, so dass er dadurch, dass er es will, die
Unveränderlichkeit gewinnen kann; verändert es sich fortwährend, dann wird er selbst veränderbar, wankelmütig
und unstet.

Erbauliche Reden in verschiedenem Geist, 1847

Kinder lernt man am besten kennen, wenn man ihnen beim Spielen zusieht, und Jünglinge, wenn man ihre Wünsche hört: was sie in der Welt zu sein wünschen oder was sie sich von der Welt wünschen. Wählen ist der Ernst des Lebens, und selbst eine törichte Wahl, bei der man es beinahe nicht lassen kann zu lächeln, ist doch Ernst, trauriger Ernst; das Wünschen aber ist Spaß, genau wie das Raten, und doch lernt man den Jüngling am besten am Wunsch kennen.

Die Wahl nämlich ist, wie das Wirkliche, auf viele Weisen durch die Wirklichkeit begrenzt: Die Umstände der Wahl sind möglicherweise eingeschränkt, der Wählende bleibt innerhalb der vielen näheren Bestimmungen der Wirklichkeit beschränkt, aber auch unterstützt durch vielerlei Rücksichten.

Im Wunsch dagegen fügt sich alles nach dem Jüngling, die Hinterlist des Möglichen hört bedingungslos auf ihn, verlockt ihn aber auch gerade deshalb, sein Innerstes zu verraten; im Wunsch ist er ganz er selbst, und der Wunsch ist die genaueste Wiedergabe seines Inneren. Dass der Jüngling auf diese Weise sein Innerstes verrät, ist eigentlich eine unschuldige Sache, die ihm sogar nützlich sein kann, sich selbst und seine Unreife kennenzulernen.

Das Gefährliche ist, dass der Wunsch, der in ihm verborgen ist, zu einer späteren Zeit zum Verräter an ihm wird; denn wird der Wunsch zur rechten Zeit offenbart, richtet er keinen Schaden an, wird er aber versteckt, kann er leicht zum Verräter werden.

Erbauliche Reden in verschiedenem Geist, 1847

Man beichtet nicht Verdienste und Taten, sondern man beichtet Sünden; und gerade, wenn man beichtet, merkt man, dass man gar keine Verdienste hat, sondern dass Verdienste und Taten Einbildung und ein Trugschluss der Sinne sind, die dahin gehören, wo man sich in der Menge aufhält oder zumindest mit anderen Umgang hat – und dass daher jemand, der sich selbst nie der Einzelne wurde, leicht in Versuchung gerät, sich selbst ein höchst verdienstvoller Mann zu werden.

Erbauliche Reden in verschiedenem Geist, 1847

Dass das Äußere nicht immer identisch ist mit dem Inneren, gilt nicht nur für ironische Menschen, die andere bewusst durch ein falsches Äußeres irreführen, sondern häufig auch für unmittelbare Naturen, die sich unbewusst selbst betrügen, ja, bisweilen sogar einen Drang zum Selbstbetrug haben. Wenn sich daher ein Mann kaum Zeit nimmt, um zu schlafen und zu essen, nur um unablässig eine für die Menschheit seligmachende Meinung verkünden und ausbreiten zu können und zugleich von morgens bis abends ihre Richtigkeit zu beweisen – dann sollte man doch meinen: Dieser Mann muss eine feste und lebendige Überzeugung haben. Ach, und doch ist das nicht immer der Fall, bisweilen hat gerade er keine feste Überzeugung, sondern hat es nötig, dass viele mit ihm einer Meinung sind – damit seine Überzeugung für ihn selbst überzeugend werden kann.

Merkwürdig genug, er hat eine Anschauung, er hat etwas mitzuteilen, es sieht so aus, als hätten die Menschen ihn und seine feste Überzeugung nötig – ach, und dann ist er es, der die Menschen nötig hat, der sich selbst überzeugen will, indem er andere überzeugt.

Würde man ihn nun aber, im geistigen Sinne, in einen luftleeren Raum setzen, wird er überhaupt keine Überzeugung haben, aber im gleichen Maß, wie auf ihn viele hören, merkt er, dass er eine Überzeugung hat, und im gleichen Maß, wie mit ihm viele einer Meinung sind, im gleichen Maß – wird er selbst überzeugt.

Das Buch über Adler, 1847

Nichts läuft doch so leicht wie der Mund, und nichts ist so leicht, wie den Mund laufen zu lassen, nur eines ist ebenso leicht: mit Hilfe des Mundes vor sich selbst fortzulaufen, mit dem, was man redet, sich selbst viele, viele tausend Meilen voraus zu sein.

Christliche Reden, 1848

Bewusstsein, persönliches Bewusstsein, erfordert, dass ich in meinem Wissen zugleich von mir selbst und meinem Verhältnis zu meinem Wissen weiß.

Christliche Reden, 1848

Wenn die Erfüllung sofort oder bald kommt, dann ist es so leicht, das Leben zu verstehen, denn man lernt nicht, sich selbst zu verstehen; aber wenn sie ausbleibt ...

Zwei erbauliche Reden, 1844

Geistesentwicklung ist Selbst-Tätigkeit; das geistig entwickelte Individuum nimmt im Tod seine Entwicklung mit sich; soll ein folgendes Individuum diese Entwicklung erreichen, muss dies durch eigene Selbst-Tätigkeit geschehen; es darf daher nichts überspringen.

Abschließende unwissenschaftliche Nachschrift, 1846

Wie oft wird doch gesagt, man soll einen Menschen nicht vor seinem Tod glücklich preisen; wie selten hingegen wird dies von einem Bekümmerten gehört: dass ein Mensch sich selbst nicht aufgeben soll, so lange er lebt, dass es eine Hoffnung gibt, so lange es Leben gibt – und also auch immer Hoffnung ist für den Unsterblichen, den eine Ewigkeit erwartet.

Zwei erbauliche Reden, 1844

Die Geschäftigkeit, mit der man ständig weiter- und weitergeht, der Lärm, in dem das Wahre ständig mehr und mehr in Vergessenheit gerät, und die Menge der Verhältnisse, der Anregungen und der Verhinderungen, lassen es ständig unmöglicher werden, irgendeine tiefere Erkenntnis von sich selbst zu bekommen.

Es ist wahr, ein Spiegel hat die Eigenschaft, dass man in ihm sein Bild sehen kann, aber dafür muss man still stehen. Eilt man hastig an ihm vorbei, bekommt man gar nichts zu sehen; und trägt man möglicherweise einen Spiegel mit sich, den man nicht hervorholt: wie sollte man sich dann selbst zu sehen bekommen?

So eilt der Geschäftige mit der Möglichkeit, sich selbst zu verstehen, dahin und trägt sie doch *bei sich*; aber der Geschäftige läuft weiter, und er wird niemals verstehen, ja, er wird es wohl eher mehr und mehr vergessen, dass er die Möglichkeit *bei sich* hat.

Und doch darf man das dem Geschäftigen nicht sagen, denn wie knapp seine Zeit auch sonst bemessen ist, so hat er doch bisweilen viel Zeit für eine Fülle von Entschuldigungen, durch deren Gebrauch das letzte schlimmer wird als das erste. Entschuldigungen, deren Weisheit ungefähr dieselbe Qualität hat, als würde ein Schiffer glauben, es sei das Meer und nicht das Boot, das sich bewegt.

Erbauliche Reden in verschiedenem Geist, 1847

Existenz

In der Welt des Geistes ist nur der ausgeschlossen, der sich selbst ausschließt.

Vier erbauliche Reden, 1844

Was ist Existenz? Es ist dieses Kind, das aus dem Unendlichen und dem Endlichen gezeugt wurde, dem Ewigen und dem Zeitlichen, daher ist es beständig strebend.

Abschließende unwissenschaftliche Nachschrift, 1846

Alles wesentliche Erkennen betrifft die Existenz, d. h., nur das Erkennen, dessen Beziehung zur Existenz wesentlich ist, ist wesentliches Erkennen. Das Erkennen, das nicht nach innen in der Reflexion der Innerlichkeit die Existenz betrifft, ist, wesentlich gesehen, zufälliges Erkennen, sein Grad und Umfang ist, wesentlich gesehen, gleichgültig.

Abschließende unwissenschaftliche Nachschrift, 1846

Es verhält sich mit der Existenz, wie es mir mit meinem Arzt erging. Ich klagte über Übelkeit, er antwortete: Sie trinken bestimmt zu viel Kaffee und bewegen sich zu wenig. Drei Wochen später spreche ich wieder mit ihm und sage: Ich fühle mich wirklich nicht wohl, aber nun kann es nicht am Kaffee liegen, denn ich trinke keinen Kaffee, und auch nicht an fehlender Bewegung, denn ich gehe den ganzen Tag spazieren. Er antwortet: Ja, dann muss es daran liegen, dass Sie keinen Kaffee trinken und zu viel gehen.

So war das also, die Übelkeit war und blieb die gleiche, aber wenn ich Kaffee trinke, kommt es daher, weil ich Kaffee trinke, und wenn ich keinen Kaffee trinke, kommt es daher, weil ich keinen Kaffee trinke.

Genauso verhält es sich mit uns Menschen. Das ganze irdische Dasein ist eine Art Übelkeit. Fragt jemand nach der Ursache, dann fragt man ihn zunächst, wie er sein Leben eingerichtet hat; sobald er es gesagt hat, antwortet man: Da haben wir's, das ist die Ursache. Fragt ein anderer nach der Ursache, macht man es genauso, und sagt er das Gegenteil, antwortet man: Da haben wir's, das ist die Ursache – und geht fort mit einer wichtigen Miene, wie einer, der alles erklärt hat, bis man um die Ecke gekommen ist, dann nimmt man den Schwanz zwischen die Beine und macht sich davon.

Und wenn mir jemand zehn Reichtaler gäbe, ich würde es nicht übernehmen, das Rätsel des Daseins zu erklären. Warum sollte ich es auch tun? Wenn das Leben ein Rätsel ist, so endet es wahrscheinlich damit, dass der, der das Rätsel gestellt hat, es selbst löst.

Abschließende unwissenschaftliche Nachschrift, 1846

Wenn ein Verbrecher sich vor dem Richter damit entschuldigen will, dass seine Mutter einen Hang zum Stehlen gehabt habe, und insbesondere in der Zeit, als sie mit ihm schwanger ging, dann holt der Richter ein Gutachten des Gesundheitskollegiums über seinen Geisteszustand ein und erklärt, dass er es mit dem Dieb zu tun hat und nicht mit der Mutter des Diebes.

Entweder-Oder, Der Widerschein des antiken Tragischen im modernen Tragischen, 1843

Das Kommende voraussagen (prophezeien) und die Notwendigkeit des Vergangenen verstehen zu wollen, ist absolut dasselbe, und nur die Mode lässt einer Generation das eine plausibler erscheinen als das andere. Das Vergangene ist ja schon verwirklicht, das Werden ist die Veränderung der Wirklichkeit durch die Freiheit.

Philosophische Brocken, 1844

Religiös gesehen ist alles möglich, aber in der Welt der Endlichkeit gibt es vieles, was nicht möglich ist.

Furcht und Zittern, 1843

Die Geistlosigkeit kann genau dasselbe sagen, was der reichste Geist gesagt hat, nur sagt sie es nicht kraft des Geistes. Geistlos wird der Mensch zu einer Sprechmaschine, und es gibt keinen Hinderungsgrund, dass er nicht ebenso gut einen philosophischen Text wie ein Glaubensbekenntnis oder ein politisches Rezitativ auswendig lernen kann.

Der Begriff Angst, 1844

Es gibt nur einen einzigen Beweis für den Geist, und das ist der Beleg des Geistes in jedem selbst; jeder, der etwas anderes fordert, kann vielleicht Beweise in Hülle und Fülle liefern, aber er ist doch schon als geistlos bestimmt.

Der Begriff Angst, 1844

In unserer Zeit glaubt man, dass Wissen den Ausschlag gibt, und wenn man nur das Wahre zu wissen bekommt, je kürzer und schneller desto besser, hilft es. Aber Existenz ist etwas ganz anderes als Wissen.

Abschließende unwissenschaftliche Nachschrift, 1846

Unsere gesamte Aufmerksamkeit haben wir auf das Verstehen, auf das Erkennen gerichtet, wir tun so, als würde darin die Schwierigkeit stecken, und als ob es eine naturgemäße Folge wäre, dass wir es auch tun, wenn wir bloß das Richtige verstanden hätten. Oh, klägliches Missverständnis oder listiger Einfall! Nein, unendlich weiter als von der tiefsten Unwissenheit zum klarsten Verstehen, unendlich weiter ist es vom klarsten Verstehen bis dahin, danach zu handeln, ja, im ersten Fall ist es nur ein gradueller Unterschied, in dem anderen aber ein Wesensunterschied. All mein Arbeiten in Richtung Erkenntnis berührt mein Leben überhaupt nicht, seine Lüste, seine Leidenschaften, seine Selbstsucht, es lässt mich völlig unverändert – meine Handlung verändert mein Leben.

Urteilt selbst, 1851, posthum erschienen 1876

Ist nicht in Wahrheit der einzige Beweis dafür, dass man eine Überzeugung hat, dass das eigene Leben sie handelnd ausdrückt?

Erbauliche Reden in verschiedenem Geist, 1847

Wer du auch bist, falls du etwas hast, was du deine Überzeugung nennst (ach, und es wäre ja traurig, wenn du keine hättest), und falls von dir gefordert wird, dafür zu streiten: dann such nicht den Beistand der Welt und der Menschen. Denn dieser Beistand ist verräterisch, manchmal (und das ist nicht einmal das Gefährlichste) enttäuscht er und bleibt im schwierigsten Augenblick aus, manchmal aber (und dies ist das in Wahrheit Gefährliche) ist der Beistand so verräterisch, dass er, wenn er reichlich kommt, die gute Sache abwürgt; denn wie vielleicht manche Sache verloren ging, weil der Beistand der Welt ausblieb, so wurde auch manche Sache verdorben, weil die Welt mithelfen durfte.

Erbauliche Reden in verschiedenem Geist, 1847

Um des Prinzips willen kann man alles tun, an allem teilneh-
men und selbst ein unmenschlich Unbestimmtes sein. Ein
Mann kann sich um des Prinzips willen dafür interessieren,
dass ein Bordell eingerichtet wird (es sind ja viele staatsbür-
gerliche Betrachtungen in dieser Hinsicht von der Gesund-
heitspolizei angestellt worden); und derselbe Mann kann
sich um des Prinzips willen für ein neues Gesangbuch interessieren, das die Forderung der Zeit sein soll. Und so unge-
rechtfertigt es wäre, aus dem ersten zu schließen, dass der
Mann ausschweifend ist, so übereilt wäre es möglicherweise, aus dem letzten zu schließen, dass er in dem Gesangbuch lesen oder daraus singen möchte.

Auf diese Weise bleibt um des Prinzips willen alles erlaubt,
und wie die Polizei »von Amts wegen« an viele Orte kommt,
zu denen sonst niemand geht, und ebenso wie man auf die
Personen der Polizisten hin nicht dazu berechtigt ist, aus ihrer Anwesenheit Schlüsse zu ziehen, so kann man um des
Prinzips willen alles tun und sich jeder persönlicher Verantwortung entziehen.

Eine literarische Anzeige, 1846

Als der einzelne Mensch zu existieren ist keine so unvoll-
kommene Existenz wie zum Beispiel eine Rose zu sein.
Daher sagen wir Menschen ja auch, dass es doch immer etwas Gutes sei zu existieren, wie unglücklich wir auch sein
mögen; und ich erinnere mich an einen Schwermütigen, der
sich mitten in seinem Leiden, als er sich den Tod wünschte,
beim Anblick eines Korbes mit Kartoffeln die Frage zu stellen begann, ob er nicht doch mehr Freude an der Existenz
habe als eine Kartoffel.

Abschließende unwissenschaftliche Nachschrift, 1846

Der Wunsch ist häufig in der Welt zu hören, mit dem einen oder anderen großen Ereignis oder großen Mann gleichzeitig zu sein; man meint, die Gleichzeitigkeit müsse einen entwickeln und zu etwas Großem machen. Vielleicht! Aber sollte es dann nicht mehr als einen Wunsch wert sein, gleichzeitig mit sich selbst zu sein!

Christliche Reden, 1848

Ist ein Mensch zu sein jetzt etwas anderes als in alten Tagen, ist die Bedingung nicht dieselbe: nämlich ein einzelnes *exis-tierendes* Wesen zu sein, und ist das Existieren nicht das Wesentliche, solange man in der Existenz ist?

Abschließende unwissenschaftliche Nachschrift, 1846

Tiefsinn ist keine Äußerung, keine Aussage, sondern eine Existenzform. Tiefsinn ist der bildlich übertragene Ausdruck, der bezeichnet, wie viel Fuß Tiefgang eine menschliche Existenz hat, so wie man es von einem Schiff sagt. Aber wenn es heißt, ein Schiff habe so und so viel Fuß Tiefgang, bedeutet das nicht das Gleiche wie bei einem Bohrer, den man in einem bestimmten Moment in irgendetwas hinein-drehen kann, sondern es ist die entscheidende Bestimmung für das ganze und tägliche Daseins des Schiffes, dass es so und so viel Fuß Tiefgang hat. Oder um das Gleiche auf eine andere Art und Weise auszudrücken: Je mehr Teleskop-Aus-züge ein Fernrohr hat, desto besser ist es, also gilt auch: Je mehr Auszüge ein Mensch hat, bevor man bis zur Verbor-genheit seines innersten Lebens gelangt, desto mehr Tief-gang hat er.

Das Buch über Adler, 1847

Was ist Freude oder fröhlich sein? Sich selbst in Wahrheit gegenwärtig zu sein; aber sich selbst in Wahrheit gegenwärtig zu sein, heißt, heute zu *sein*, in Wahrheit *heute zu sein*. Und in ebendiesem Maß, in dem es wahrer wird, dass du heute bist, in ebendiesem Maß, in dem du dir selbst immer mehr ganz gegenwärtig bist im heutigen Sein, in ebendiesem Maß ist der Tag des Unglücks, der morgige Tag, für dich nicht da. Die Freude ist die gegenwärtige Zeit.

Die Lilie auf dem Feld und der Vogel unter dem Himmel, 1849

Sich selbst ganz gegenwärtig zu sein, ist das Höchste und die höchste Aufgabe für das persönliche Leben.

Das Buch über Adler, 1847

Der subjektive Denker ist kein Wissenschaftler, er ist Künstler. Zu existieren ist eine Kunst.

Abschließende unwissenschaftliche Nachschrift, 1846

Alle Existenzprobleme sind leidenschaftlich, denn Existenz, wenn man sich ihr bewusst wird, gibt Leidenschaft. Über die Existenz so nachzudenken, dass man die Leidenschaft auslässt, heißt, überhaupt nicht über sie nachzudenken und die Pointe zu vergessen, dass man ja selbst ein Existierender ist.

Abschließende unwissenschaftliche Nachschrift, 1846

Wenn man sich ein Haus vorstellen würde, bestehend aus Keller, Erdgeschoss und erstem Stock, so bewohnt, oder so eingerichtet, dass zwischen den Bewohnern in jeder Etage ein Standesunterschied existierte – und wenn man das Menschsein mit einem solchen Haus vergleichen würde: so tritt bei den meisten Menschen der traurige und lächerliche

Fall ein, dass sie es in ihrem eigenen Haus vorziehen, im Keller zu wohnen.

Die Krankheit zum Tode, 1849

Wenn man nicht absolut wählt, wählt man nur für den Moment, und kann deswegen im nächsten Augenblick etwas anderes wählen.

Entweder-Oder, Das Gleichgewicht zwischen dem Ästhetischen und dem Ethischen in der Herausarbeitung der Persönlichkeit, 1843

Erst der, der arm geworden ist in der Welt, hat die wahre Sicherheit des Eigentums errungen, und erst der, der alles verloren hat, hat alles gewonnen.

Entweder-Oder, Die ästhetische Gültigkeit der Ehe, 1843

Die ewige Würde eines Menschen liegt darin, dass er Geschichte bekommen kann, darin liegt das Göttliche in ihm, dass er selbst, wenn er will, dieser Geschichte Kontinuität geben kann; denn die bekommt sie erst, wenn sie nicht nur der Inbegriff dessen ist, was mir geschieht oder widerfährt, sondern meine eigene Tat ist; derart, dass selbst das, was mir geschieht, durch mich von Notwendigkeit in Freiheit verwandelt und überführt worden ist. Das ist das Beneidenswerte an einem Menschenleben, dass man der Gottheit zu Hilfe kommen und sie verstehen kann – und das wiederum ist die einzige für einen Menschen würdige Weise Gott zu verstehen, dass man sich in Freiheit alles aneignet, was einen betrifft, das Erfreuliche wie das Betrübliche.

Entweder-Oder, Das Gleichgewicht zwischen dem Ästhetischen und dem Ethischen in der Herausarbeitung der Persönlichkeit, 1843

Jeder Mensch ist der allgemeine Mensch, das heißt, jedem Mensch ist der Weg zugewiesen, auf dem er der allgemeine Mensch wird.

Entweder-Oder, Das Gleichgewicht zwischen dem Ästhetischen und dem Ethischen in der Herausarbeitung der Persönlichkeit, 1843

Der wahre ungewöhnliche Mensch ist der wahre gewöhnliche Mensch. Je mehr vom Allgemein-Menschlichen ein Individuum in seinem Leben verwirklicht, um so mehr ist er ein ungewöhnlicher Mensch. Je weniger er vom Allgemeinen in sich aufnehmen kann, um so unvollkommener ist er. Er ist dann schon ein ungewöhnlicher Mensch, aber nicht im guten Sinne.

Entweder-Oder, Das Gleichgewicht zwischen dem Ästhetischen und dem Ethischen in der Herausarbeitung der Persönlichkeit, 1843

Nicht jeder Mensch, dessen Leben das Allgemeine mittelmäßig zum Ausdruck bringt, ist deshalb schon ein ungewöhnlicher Mensch, denn das wäre ja eine Vergötterung der Trivialität; damit er wirklich so bezeichnet werden kann, muss auch nach der intensiven Kraft gefragt werden, mit der er es tut.

Entweder-Oder, Das Gleichgewicht zwischen dem Ästhetischen und dem Ethischen in der Herausarbeitung der Persönlichkeit, 1843

Bei Geld, Titeln, Pferden und Wagen, Fackelzügen, Hurrarufen und anderen derartigen Unanständigkeiten gilt, dass die Form gleichgültig ist, und dass die Art und Weise des Erwerbens nicht gleichzusetzen ist mit dem Besitz. So kann man durchaus in den *wirklichen* Besitz von Geld kommen – auf vielerlei schäbige Arten; man kann *wirklich* einen Fackelzug bekommen und hat ihn auf vielerlei schäbige Arten erlangt. Bei den Dingen des Geistes aber gibt es keine derart äußerliche, handgreifliche und unanständige Wirklichkeit; das Tiefsinnige und Vornehme am Geist ist, dass die Art des Erwerbens und der Besitz eins sind.

Das Buch über Adler, 1847

Die Wissenschaft ist in unserer Zeit in den Besitz eines so ungeheuren Resultats gelangt, dass man es sich kaum richtig erklären kann; die Einsicht in die Geheimnisse des Menschengeschlechts und sogar der Gottheit werden zu einem so guten Preis feilgeboten, dass es ganz bedenklich stimmt. Man hat in unserer Zeit vor Freude über das Resultat vergessen, dass ein Resultat doch keinen Wert hat, wenn es nicht selbst von Grund auf erworben ist.

Über den Begriff der Ironie, 1841

Wenn der Seefahrer draußen auf dem Meer ist und sich alles um ihn herum verändert, wenn die Wellen geboren werden und sterben, dann starrt er nicht in die See, denn die Wellen verändern sich. Er schaut auf zu den Sternen: und warum? Weil sie treu sind; dort, wo sie jetzt stehen, da standen sie für die Väter und dort werden sie für die kommenden Generationen stehen. Womit besiegt er also das Wechselnde? Mit dem Ewigen.

Zwei erbauliche Reden, 1843

Natur

Der Abschied des Abends vom Tage und dem, der den Tag erlebt hat, ist eine rätselhafte Sprache, seine Mahnung ist wie die Ermahnung der fürsorglichen Mutter an ihr Kind, rechtzeitig nach Hause zu gehen. Aber seine Einladung, selbst wenn der Abschied nicht schuld daran ist, dass er so missverstanden wird, ist ein unerklärliches Winken, als wäre die Ruhe nur dadurch zu finden, bei der nächtlichen Zusammenkunft draußen zu bleiben, nicht mit einer Frau, sondern gleichsam feminin mit der Unendlichkeit, überredet vom Nachtwind, wenn er sich einsilbig selbst wiederholt, wenn er Wald und Wiese durchstreift und seufzt, als suche er etwas, überredet vom fernen Echo der Stille in sich selbst, als ahne sie etwas, überredet von der erhabenen Ruhe des Himmels, als sei es gefunden, überredet von der hörbaren Lautlosigkeit des Taus, als wäre dies die Erklärung und die Erquickung der Unendlichkeit, gleich der Fruchtbarkeit einer stillen Nacht, doch nur halb verstanden wie die halbe Durchsichtigkeit des Nachtnebels.

Abschließende unwissenschaftliche Nachschrift, 1846

Mein unvergessliches Kindermädchen, du flüchtige Nymphe, die in dem Bach wohnte, der an meines Vaters Hof vorüberfloss, und die du immer hilfreich an des Kindes Spiel teilnahmst, obwohl du dich nur um deine eigenen Angelegenheiten kümmertest! Du meine treue Trösterin, die du im Lauf der Jahre deine unschuldige Reinheit bewahrt hast; du wurdest nicht älter, während ich alt geworden bin; du stille Nymphe, zu der ich wieder Zuflucht nahm, müde der Menschen, müde meiner selbst, so dass ich eine Ewigkeit brauche um auszuruhen, trübsinnig, so dass ich eine Ewigkeit brauche um zu vergessen. Du verweigertest mir nicht, was mir die Menschen verweigern wollen, indem sie die Ewigkeit ebenso geschäftig und noch furchtbarer machen als die Zeit. Da lag ich an deiner Seite und verschwand für mich selbst in dem ungeheuren Raum des Himmels über meinem Kopf und vergaß mich selbst in deinem einlullenden Murmeln! Du mein glücklicheres Selbst, du flüchtiges Leben, das im Bach wohnt, der an meines Vaters Hof vorüberfließt, wo ich hingestreckt liege, als wäre meine Gestalt ein abgelegter Wanderstock, aber ich bin erlöst und befreit in dem wehmütigen Plätschern!

Die Wiederholung, 1843

Wenn der Wanderer von den öffentlichen, lärmenden Wegen zu den stillen Stätten kommt, so ist ihm (denn die Stille ist ergreifend), als müsse er mit sich selbst reden, als müsse er sagen, was in der Tiefe der Seele verborgen liegt; es ist ihm, so würde es ein Dichter erklären, als wolle etwas nicht Benennbares aus seinem Innersten drängen, jenes Unaussprechliche, für das die Sprache keinen Ausdruck hat, denn sogar *Sehnsucht* ist ja nicht das Unaussprechliche selbst, sie eilt ihm nur nach.

Aber was die Stille bedeutet, was die Umgebung mit dieser Stille sagen will: das gerade ist das Unaussprechliche. Denn die Verwunderung der Bäume, wenn es denn so ist, dass die Bäume den Wanderer verwundert betrachten, erklärt nichts. Und das Echo des Waldes beweist ja, dass die Stimme auf diesem Weg nicht zu einer Erklärung durchdringt; nein, wie eine uneinnehmbare Festung den Angriff des Feindes zurückwirft, so wirft das Echo die Stimme zurück, wie laut der Wanderer auch ruft. Und die Wolken hängen nur ihren eigenen Gedanken nach, sie träumen nur von sich selbst; ob sie sich nun gedankenvoll auszuruhen scheinen oder die wollüstige, sanfte Bewegung genießen, ob die Durchsichtigen schnell vom Wind getrieben dahineilen, oder sich die Dunklen sammeln zum Streit gegen den Wind: um den Wanderer kümmern sie sich nicht.

Und das Meer ist sich wie der Weise selbst genug, ob es nun daliegt, ja, wie ein Kind und sich mit sich selbst amüsiert, in sanften Kräuseln, wie ein Kind, das mit seinem Mund spielt; ob es nun in der Mittagsstunde daliegt, wie ein dösender, genießender Denker, und sich nach allem umsieht oder tief in der Nacht über sein eigenes Wesen grübelt; ob es sich überaus verschmitzt nahezu unsichtbar macht, um zu beobachten oder mit der ihm eigenen Leidenschaft tobt: Das Meer hat den tiefen Grund, aber es hat kein Mitwissen.

Und das Sternenheer ist wohl eine rätselhafte Schrift, seine Ordnung wirkt wie eine Verabredung untereinander: aber die Sterne sind so weit weg, dass sie den Wanderer nicht sehen können, der Wanderer aber, er allein kann die Sterne sehen.

Es ist die in einem tiefen Missverständnis begründete Wehmut der dichterischen Sehnsucht, weil der Einsame in der Natur überall von einem Universum umgeben ist, das ihn nicht versteht, auch wenn es ständig so ist, als müsse es zu einem Verständnis kommen. Ebenso ist es ja mit dem Unaussprechlichen, es ist wie das Plätschern des Baches: Wenn du in deinen eigenen Gedanken dahingehst, wenn du es eilig hast, bemerkst du es im Vorübergehen überhaupt nicht; du erfährst nicht, dass es da ist, dieses Plätschern.

Wenn du aber stehenbleibst, entdeckst du es; und wenn du es entdeckt hast, musst du still stehen; und wenn du still stehst, dann überredet es dich; und wenn es dich überredet hat, dann musst du dich lauschend zu ihm hinunterbeugen; und wenn du dich lauschend zu ihm hinunterbeugst, dann nimmt es dich gefangen; und wenn es dich gefangengenommen hat, kannst du dich davon nicht losreißen; und wenn du dich davon nicht losreißen kannst, bist du überwältigt – betört sinkst du nieder an seine Seite, es ist in jedem Augenblick, als müsse es im nächsten Moment zur Erklärung kommen; aber der Bach fährt fort zu plätschern, und nur der Wanderer wird alt an seiner Seite.

Erbauliche Reden in verschiedenem Geist, 1847

Wenn der Wohlhabende in einer dunklen, aber doch sternenklaren Nacht bequem in seinem Wagen fährt und die Laternen angezündet hat, ja, dann ist er geborgen und sicher, er fürchtet keine Schwierigkeit, er selbst hat ein Licht dabei, und in seiner unmittelbaren Umgebung ist es nicht dunkel. Aber gerade weil er die Laternen angezündet und ein kräftiges Licht nahe bei sich hat, gerade darum sieht er überhaupt nichts von den Sternen; seine Laternen verdunkeln die Sterne, die der arme Bauer, der ohne Laternen fährt, herrlich in der dunklen, aber doch sternenklaren Nacht erkennen kann. Ebenso leben die Betrogenen in der Zeitlichkeit: Entweder sind sie, da mit den Notwendigkeiten des Lebens befasst, zu beschäftigt, um die Aussicht zu haben, oder sie haben in Wohlstand und guten Tagen die Laternen gleichsam alle brennen, alles dicht um sie herum ist so beruhigend, so hell, so bequem – aber die Aussicht fehlt, die Aussicht, die Aussicht auf die Sterne.

Erbauliche Reden in verschiedenem Geist, 1847

Die Sicherheit der Natur hat ihren Grund darin, dass die Zeit für sie keinerlei Bedeutung hat. Erst im Augenblick beginnt die Geschichte.

Der Begriff Angst, 1844

Wie feierlich ist es doch da draußen unter Gottes Himmel bei der Lilie und dem Vogel, und warum? Frag den Dichter, er wird antworten: weil es dort Schweigen gibt. Und nach diesem feierlichen Schweigen sehnt er sich, fort von der Weltlichkeit in der Menschenwelt, wo es so viel Gerede gibt; weg von dem ganzen weltlichen Menschenleben, das nur auf eine traurige Weise beweist, dass der Mensch durch die Sprache dem Tier gegenüber im Vorteil ist. »Aber«, wird der Dichter sagen, »ist es wirklich ein Vorteil? Nein, ich ziehe weit mehr das Schweigen da draußen vor; ich ziehe sie vor, nein, es ist überhaupt kein Vergleich, das Schweigen ist ein unendlicher Vorteil gegenüber den Menschen, die reden können.«

Der Dichter meint nämlich, im Schweigen der Natur die Stimme der Gottheit zu vernehmen; im hektischen Reden der Menschen ist seiner Meinung nach nicht nur die Stimme der Gottheit nicht mehr zu vernehmen, es ist darüber hinaus nicht einmal zu vernehmen, dass der Mensch mit der Gottheit verwandt ist. Der Dichter sagt: Die Sprache ist der Vorteil des Menschen gegenüber dem Tier, ja, ganz bestimmt – sofern er schweigen kann.

Aber schweigen zu können, das kannst du da draußen bei der Lilie und dem Vogel lernen, wo Schweigen herrscht, und auch etwas Göttliches in diesem Schweigen. Da draußen ist Schweigen, und nicht nur, wenn alles schweigt in der stummen Nacht, sondern Schweigen ist hier draußen auch, wenn den ganzen Tag die tausend Saiten in Bewegung sind und

alles wie ein Meer von Geräuschen ist: Jeder macht es besonders gut, und niemand, auch nicht alle miteinander, stört
irgendwie dieses feierliche Schweigen.

Da draußen ist Schweigen. Der Wald schweigt; selbst
wenn er flüstert, schweigt er. Denn die Bäume, sogar dort,
wo sie sehr dicht und in großer Zahl stehen, halten einander
ihr Wort, was die Menschen, trotz gegebenen Versprechens,
einander gegenüber so selten halten: »das bleibt unter uns«.
Das Meer ist stumm; selbst wenn es lautstark tobt, ist es
doch stumm. Im ersten Augenblick hörst du vielleicht nicht
richtig, und du hörst es toben. Wenn du eilig mit dieser
Nachricht losgehst, tust du dem Meer Unrecht. Wenn du dir
hingegen Zeit lässt und genauer zuhörst, hörst du – erstaun-
lich! – du hörst das Schweigen; denn auch die Einförmigkeit
ist doch Schweigen.

Wenn das Schweigen am Abend über der Landschaft liegt
und du von der Wiese das ferne Muhen hörst, oder fern vom
Bauernhof das vertraute Bellen des Hundes, dann kann man
nicht sagen, dass dieses Muhen oder Bellen das Schweigen
stört, nein, es gehört zum Schweigen, es ist eine geheim-
nisvolle und insofern wieder stille Übereinkunft mit dem
Schweigen, es vermehrt es.

Die Lilie auf dem Felde und der Vogel unter dem Himmel, 1849

Gesichter der Liebe

Liebe ist alles, und aus diesem Grund hat für den, der liebt, alles aufgehört, eine Bedeutung an und für sich zu haben, es hat nur noch eine Bedeutung durch die Interpretation, die die Liebe ihm gibt.

Entweder-Oder, Tagebuch des Verführers, 1843

Erst die Liebe der Erinnerung ist glücklich.

Entweder-Oder, Diapsalmata, 1843

Was ist Jugend? Ein Traum. Was ist die Liebe? Der Inhalt des Traums.

Entweder-Oder, Diapsalmata, 1843

Wer liebt, hat sich selbst in einem anderen verloren; indem er sich aber in dem anderen verloren und vergessen hat, ist er dem anderen offenbar, und indem er sich selbst vergisst, wird er im anderen erinnert.

Entweder-Oder, Die ästhetische Gültigkeit der Ehe, 1843

Was verändert sich niemals, obwohl sich alles verändert? Es ist Liebe, und dies allein ist die Liebe, das, was niemals etwas anderes wird.

Drei erbauliche Reden, 1843

Sobald du meinst, in deiner Liebe genug getan zu haben oder lange genug geliebt zu haben, und nun etwas von dem anderen fordern zu müssen, entdeckst du, dass deine Liebe im Begriff ist, eine Forderung zu werden – als gäbe es, wie

aufopfernd und hingebungsvoll deine Liebe auch ist, dennoch eine Grenze, an der sie sich im Grunde als eine Forderung zeigen müsse.

Der Liebe Tun, 1847

Wer liebt, steht in der Schuld; indem er spürt, dass er von der
Liebe ergriffen ist, verspürt er dies so, als wäre er in einer
unendlichen Schuld. Wundervoll! Einem Menschen seine
Liebe zu geben ist doch das Höchste, was ein Mensch geben
kann – und doch, gerade indem er seine Liebe gibt, und gerade dadurch, dass er sie gibt, gerät er in eine unendliche
Schuld. Daher lässt sich sagen, dies ist das Eigentümliche an
der Liebe: der Liebende gerät dadurch, dass er unendlich
gibt – in eine unendliche Schuld. Aber so ist das Verhältnis
der Unendlichkeit, und Liebe ist unendlich.

Durch das Geben von Geld kommt man wahrlich nicht
in Schuld, im Gegenteil, derjenige, der das Geld entgegen-
nimmt, gerät in Schuld. Wenn dagegen der Liebende gibt,
was unendlich das Höchste ist, das ein Mensch einem anderen geben kann, seine Liebe, so gerät er selbst in eine unendliche Schuld.

Der Liebe Tun, 1847

Was muss nun getan werden, um einander gegenüber in der
Liebe Schuld zu bleiben? Wenn der Fischer einen Fisch gefangen hat und ihn lebend aufbewahren möchte, was muss
er dann tun? Er muss ihn sofort ins Wasser legen, sonst wird
er matt und stirbt über kurz oder lang. Und warum muss er
ihn ins Wasser legen? Weil Wasser das Element des Fisches
ist, und alles, was lebendig gehalten werden soll, muss in
seinem Element bewahrt werden; aber das Element der
Liebe ist Unendlichkeit, Unerschöpflichkeit, Unermesslich-

keit. Wenn du daher deine Liebe bewahren willst, musst du darauf achten, dass sie mit Hilfe der Unendlichkeit der Schuld, gefangen zu Freiheit und Leben, ständig in ihrem Element bleibt, sonst siecht sie dahin und stirbt – nicht im Verlauf einer längeren oder kürzeren Zeit, sie stirbt sofort, denn gerade dies ist ein Zeichen ihrer Vollkommenheit, dass sie *allein* in der Unendlichkeit leben kann.

Der Liebe Tun, 1847

Der Vergleich ist die gefährlichste Bekanntschaft, die die Liebe machen kann; der Vergleich ist die schlimmste aller Verführungen.

Der Liebe Tun, 1847

Ein wenig über die Ehe

Will sich jemand von seiner Frau scheiden lassen, so schreit man: Er ist ein niederträchtiger Mensch, ein Schurke usw. Wie töricht, und welch indirekter Angriff auf die Ehe. Entweder hat die Ehe eine Realität in sich, dann wäre er doch schon gestraft genug, wenn er sich ihr entzieht; oder sie hat keine Realität, dann wäre es ja unvernünftig, ihn zu schelten, denn er ist weiser als andere.

Entweder-Oder, Die Wechselwirtschaft, 1843

Sich eine Frau zu nehmen, ist durchaus etwas Wesentliches; aber wer einmal in der Liebe gepfuscht hat, kann sich gern vor die Stirn, das Herz oder auf den Hintern schlagen vor lauter Ernst und Feierlichkeit; es bleibt doch Getändel. Und ob seine Ehe ein ganzes Volk anginge, die Glocken geläutet würden und der Papst die Trauung vornähme, für ihn ist das doch nichts Wesentliches, sondern wesentlich Getändel.

Stadien auf des Lebens Weg, In vino veritas, 1845

Es ist eine große Dummheit anzunehmen, dass die kirchliche Trauung oder die Treue, mit der sich ein Mann allein an seine Ehefrau hält, genug sei. Es ist schon so manche Ehe entweiht worden, und durchaus nicht durch einen Fremden.

Der Begriff Angst, 1844

Der Mann ist allzeit glücklich in der Liebe, der ein Mädchen bekommt, das gerade dazu geschaffen ist, ihn zu entwickeln. So war Sokrates mit Xantippe glücklich verheiratet, in ganz Griechenland hätte er keine gefunden wie sie; denn der alte Großmeister der Ironie brauchte jemanden wie sie, um sich zu entwickeln. Und wenn Xantippe auch viel Übles in der Welt zu hören bekam, so bin ich doch der Ansicht, sie hat den Triumph, dass das Oberhaupt der Ironie, das die Menschenmenge um Haupteslänge überragte, keinem Menschen so viel schuldete wie Xantippe und ihrer Haushaltsführung.

Stadien auf des Lebens Weg, »Schuldig?« – »Nicht Schuldig?«, 1845

In der Ehe erreicht man mit großen Leidenschaften überhaupt nichts; man kann nichts vorwegnehmen, man kann nicht eine andere Zeit damit befriedigen, dass man einen Monat lang außerordentlich liebevoll ist; hier gilt, dass ein jeder Tag seine eigene Plage hat, aber auch seinen eigenen Segen.

Entweder-Oder, Die ästhetische Gültigkeit der Ehe, 1843

In dem Vorsatz, den die Ehe beinhaltet, liegt das Gesetz der Bewegung, die Möglichkeit innerer Geschichte. Der Vorsatz ist die Resignation in ihrer ausgeprägtesten Form, es wird nicht darauf geachtet, was verloren gehen wird, sondern was durch Festhalten gewonnen werden soll.

Entweder-Oder, Die ästhetische Gültigkeit der Ehe, 1843

Die Ehe ist und bleibt die wichtigste Entdeckungsreise, die ein Mensch unternehmen kann; jede andere Kenntnis des Daseins ist oberflächlich im Vergleich mit der eines Ehemanns, denn er und nur er hat sich wahrhaft in das Dasein vertieft.

Stadien auf des Lebens Weg, Allerlei über die Ehe, 1845

Die wahre Kunst geht im Allgemeinen den der Natur entge-
gensetzten Weg, ohne dass sie deshalb die Natur vernichtet,
und so wird sich auch die wahre Kunst im Besitzen zeigen,
nicht im Erobern; Besitzen nämlich ist ein rückwärts orien-
tiertes Erobern.

Entweder-Oder, Die ästhetische Gültigkeit der Ehe, 1843

Leiden

Die menschliche Anteilnahme verhält sich oft umgekehrt zu dem Leiden, das schwerer wird je länger es dauert. Die Anteilnahme erlahmt auf Dauer; das Leiden nimmt zu, während die Anteilnahme abnimmt.

Erbauliche Reden in verschiedenem Geist, 1847

Ist Geduld nicht gerade der Mut, der frei das Leiden übernimmt, das sich nicht vermeiden lässt?

Erbauliche Reden in verschiedenem Geist, 1847

Das Wesentliche an der Existenz ist die Innerlichkeit, und das Handeln der Innerlichkeit ist Leiden; denn sich selbst umzubilden vermag das Individuum nicht, es wäre in jedem Fall affektiert, und daher ist Leiden das höchste Handeln im Inneren.

Abschließende unwissenschaftliche Nachschrift, 1846

Ein Mensch kann ungemein viel lernen, ohne eigentlich in eine Beziehung zum Ewigen zu kommen. Wenn ein Mensch sich nämlich lernend *nach außen* wendet, kann er ungemein viel zu wissen bekommen, aber trotz all dieses Wissens kann er sich selbst ein Rätsel sein und bleiben, ein Unbekannter.

Wie der Wind das mächtige Schiff antreibt, sich aber selbst nicht versteht; wie der Fluss das Mühlrad dreht, sich aber selbst nicht versteht: ebenso kann ein Mensch das Erstaunliche ausrichten, eine Menge an Wissen besitzen, ohne sich jedoch selbst zu verstehen.

Das Leiden dagegen wendet den Menschen *nach innen.*

Gelingt es, wird der Mensch nicht verzweifelt Widerstand leisten, er wird nicht versuchen, sich selbst zu ertränken und in den Zerstreuungen der Welt, in erstaunlichen Unternehmungen oder umfassendem, gleichgültigem Wissen zu vergessen versuchen – gelingt es: dann beginnt die Unterweisung im Inneren.

Wohl kommt das Leiden oft von außen, doch erst, wenn das Leiden vom Inneren angenommen ist, beginnt die Unterweisung. Es können viele Leiden auf einen Menschen einstürmen, und es kann einem Menschen auch gelingen, dagegen anzustürmen oder sich, wie es heißt, gesund zu halten, also, es kann ihm gelingen, sich selbst daran zu hindern, mit der Unterweisung des Leidens zu beginnen.

Erbauliche Reden in verschiedenem Geist, 1847

Leicht ist es, in einem großmütigen Moment zu versprechen, die Bürde tragen zu wollen, aber schwer ist es, sie zu tragen. Wer verstünde das besser als der Leidende, der ja eben ein Leidender ist, indem er die Bürde trägt. Und falls jemand Seufzer, Klageschreie und Jammern hören möchte, so hört man das von den Leidenden oft genug. Aber auch hier gilt, dass es ziemlich leicht ist, zu wimmern, zu klagen und zu stöhnen, selbst über Kleinigkeiten. Ein Leidender braucht das nicht erst zu lernen, denn der Schmerz ist selbst sein erster Erfinder, und der Schmerz hat sofort den Schrei zur Hand.

Aber zu schweigen und zu erdulden, oder vielleicht sogar die Freude in der Bitterkeit des Leidens zu finden, und zwar nicht bloß in der Hoffnung, dass das Leiden einmal aufhören wird, sondern die Freude so im Leiden zu finden, wie man sonst darüber redet, dass sich Kummer in die Freude mischt: das ist es wohl wert zu lernen.

Erbauliche Reden in verschiedenem Geist, 1847

Wenn das Leiden weder mehr noch weniger ist, wenn also das Leiden nur das bestimmte Leiden ist, das es ist: so ist es, und wenn es das größte Leiden wäre, das geringste, was möglich ist. Aber wenn es unbestimmt ist, wie groß das Leiden wirklich ist, dann wird das Leiden größer; die Unbestimmtheit vermehrt das Leid unendlich. Und diese Unbestimmtheit entsteht geradezu durch den zweideutigen Vorzug des Menschen, reden zu können. Die Bestimmtheit des Leidens dagegen, dass es weder mehr noch weniger ist, als was es ist, wird nur dadurch erreicht, schweigen zu können.

Die Lilie auf dem Felde und der Vogel unter dem Himmel, 1849

Je mehr man leidet, um so mehr wird, wenn man gleichzeitig aus dem Leiden lernt, alles Eigene weggenommen, es wird vertilgt, und an seine Stelle tritt der Gehorsam als das empfängliche Erdreich, in dem das Ewige Wurzeln schlagen kann.

Erbauliche Reden in verschiedenem Geist, 1847

Die Schule fürs Leben zeigt ihren Ertrag in der Zeit, aber die Lebensschule der Leiden bildet für die Ewigkeit.

Erbauliche Reden in verschiedenem Geist, 1847

Es ist geradezu ein Zeichen dafür, sich zum Absoluten zu verhalten, dass dort nicht nur kein Lohn zu erwarten ist, sondern Leiden zu ertragen sind.

Abschließende unwissenschaftliche Nachschrift, 1846

Verwunderlich, der Weg der Bedrängnis ist der einzige, auf dem es kein Hindernis gibt, denn die Bedrängnis bereitet den Weg selbst anstatt ihn zu blockieren. Ist das nicht erfreulich! Denn was ist trostloser, als dass der Wanderer sagen müsste: hier gibt es keinen Weg mehr; und was also ist erfreulicher, als dass der Wanderer immer sagen kann: hier gibt es allzeit einen Weg!

Erbauliche Reden in verschiedenem Geist, 1847

Der Glaube in der Welt

Wer Gott sucht, findet allezeit, und wer einen Menschen zur Suche nötigt, der hilft ihm finden.

Drei erbauliche Reden, 1843

In den Zeiten nicht vergessen zu werden, ist das Los einiger weniger Menschen, aber das Herrlichere, in der Ewigkeit nicht vergessen zu werden, ist einem jeden Menschen gegeben, der es selbst will.

Zwei erbauliche Reden, 1844

Religiös gesprochen ist die Erfüllung immer bereits im Wunsch vorhanden, die Beruhigung der Sorge in der Sorge, genau wie Gott bereits in dem Leid ist, das ihm zugetragen wird.

Drei erbauliche Reden, 1844

Wo Gott in Wahrheit ist, dort ist er immer Schöpfer. Er will nicht, dass der Mensch sich in geistiger Verweichlichung badet im Betrachten seiner Herrlichkeit, sondern er will dadurch, dass er vom Menschen erkannt wird, in ihm einen neuen Menschen schaffen.

Vier erbauliche Reden, 1844

Tu für Gott, was du kannst, dann wird Gott für dich tun, was du nicht kannst.

Vier erbauliche Reden, 1844

Gott braucht keinen Menschen. Es wäre doch auch höchst lästig, wenn es damit enden würde, dass Gott das Geschöpf nötig hätte. Hingegen kann Gott von jedem Menschen alles fordern, alles und umsonst, denn jeder Mensch ist ein nutzloser Diener.

Abschließende unwissenschaftliche Nachschrift, 1846

Gott ist die höchste Vorstellung, die sich nicht durch etwas anderes erklären lässt, sondern nur dadurch zu erklären ist, dass man sich in die Vorstellung selbst vertieft.

Abschließende unwissenschaftliche Nachschrift, 1846

Gott denkt nicht, er erschafft; Gott existiert nicht, er ist ewig. Der Mensch denkt und existiert, und Existenz trennt Denken und Sein, hält sie in Sukzession auseinander.

Abschließende unwissenschaftliche Nachschrift, 1846

Wenn der Glaube sich seiner selbst zu schämen beginnt, wenn er wie eine Geliebte, die sich nicht damit begnügt zu lieben, sondern sich hinterrücks des Geliebten schämt und es sich also beweisen muss, dass er etwas Ausgezeichnetes ist, wenn also der Glaube aufzuhören beginnt, Glaube zu sein, dann wird der Beweis erforderlich, um bürgerliche Achtung beim Unglauben zu genießen.

Abschließende unwissenschaftliche Nachschrift, 1846

Das Jenseitige ist ein Scherz geworden, eine so ungewisse Forderung, dass sie nicht nur niemand honoriert, sondern auch niemand sie stellt, so dass man nur noch seinen Spaß hat, wenn man bedenkt, dass es eine Zeit gab, wo diese Vorstellung das ganze Dasein veränderte.

Abschließende unwissenschaftliche Nachschrift, 1846

Die Natur, die Totalität der Schöpfung, ist Gottes Werk, und doch ist Gott nicht dort, sondern innen in dem einzelnen Menschen gibt es eine Möglichkeit (er ist seiner Möglichkeit nach Geist), die in der Innerlichkeit zu einer Gottesbeziehung erweckt wird, und so ist es möglich, Gott überall zu sehen.

Abschließende unwissenschaftliche Nachschrift, 1846

Ich betrachte die Natur, um Gott zu finden, ich sehe ja auch Allmacht und Weisheit, aber ich sehe zugleich vieles andere, was ängstigt und verstört. Das summa summarum hiervon ist die objektive Unwissenheit, aber gerade darum ist die Innerlichkeit so groß, weil die Innerlichkeit die objektive Unwissenheit mit der ganzen Leidenschaft der Unendlichkeit umfasst. Bei einem mathematischen Satz z. B. ist die Objektivität gegeben, aber darum ist seine Wahrheit auch eine gleichgültige Wahrheit.

Abschließende unwissenschaftliche Nachschrift, 1846

Man soll nicht schlecht über das Paradox denken; denn das Paradox ist die Leidenschaft des Gedankens, und der Denker, der ohne das Paradox auskommt, ist wie ein Liebhaber ohne Leidenschaft: ein mittelmäßiger Patron.

Philosophische Brocken, 1844

Kein anonymer Autor kann sich listiger verbergen als (...) Gott. Er ist in der Schöpfung, überall in der Schöpfung, aber unmittelbar ist er dort nicht, und erst, wenn das einzelne Individuum sich in sich selbst kehrt (also erst in der Innerlichkeit der Selbsttätigkeit) wird er aufmerksam und ist imstande, Gott zu sehen.

Abschließende unwissenschaftliche Nachschrift, 1846

Ohne Risiko kein Glaube. Glaube ist gerade der Widerspruch zwischen unendlicher Leidenschaft der Innerlichkeit und der objektiven Unwissenheit. Kann ich Gott objektiv greifen, dann glaube ich nicht, aber gerade weil ich es nicht kann, darum muss ich glauben; und will ich mich im Glauben bewahren, muss ich beständig achtgeben, dass ich an der objektiven Unwissenheit festhalte, dass ich in dieser objektiven Unwissenheit »über den 70 000 Klaftern Wasser« bin und doch glaube.

Abschließende unwissenschaftliche Nachschrift, 1846

Der Glaube beginnt da, wo das Denken aufhört.

Furcht und Zittern, 1843

Der Glaube kehrt dem Ewigen den Rücken zu, gerade um es in diesem heutigen Tag ganz bei sich zu haben.

Christliche Reden, 1848

Das Zeitliche kann ein Mensch ja durchaus mit seinem Reden ausfüllen, aber die Ewigkeit offenbart das Wesen seines Handelns.

Erbauliche Reden in verschiedenem Geist, 1847

Das ewige Leben ist Verjüngung.

Erbauliche Reden in verschiedenem Geist, 1847

Nach seiner Unsterblichkeit zu fragen, ist für das existierende Subjekt, das die Frage stellt, gleichzeitig ein Handeln. Das ist durchaus nicht so für zerstreute Leute, die ab und zu mal ganz im Allgemeinen nach der Unsterblichkeit fragen, als wäre unsterblich zu sein etwas, was man ab und zu einmal ist, und der Fragende auch so etwas im Allgemeinen. Er fragt also, wie er es schafft, als Existierender seine Unsterblichkeit auszudrücken, ob er sie wirklich ausdrückt, und vorerst ist er mit dieser Aufgabe zufrieden, die sich doch wahrlich auf ein Menschenleben erstrecken können müsste, soll sie sich doch auf die Ewigkeit erstrecken.

Abschließende unwissenschaftliche Nachschrift, 1846

Gottes Gedanken sind ewig höher als eines Menschen Gedanken, und daher ist jede menschliche Vorstellung von Glück oder Unglück, darüber, was freudig und was traurig ist, ein ungebührlicher Gedanke; hält ein Mensch an dieser Vorstellung fest, ist er Gott gegenüber ständig im Unrecht, er kann nur aus diesem Vorstellungskreis herauskommen, wenn er erkennt, dass er Gott gegenüber ständig Unrecht hat.

Erbauliche Reden in verschiedenem Geist, 1847

Sollte nicht der ein Betender sein, ja der richtig Betende, der sagt: Herr, mein Gott, eigentlich habe ich dich um überhaupt nichts zu bitten; und würdest du auch versprechen, mir jeden Wunsch zu erfüllen, so wüsste ich doch im Grunde nichts, was mir einfiele, außer, dass ich bei dir bleiben darf, so nahe wie es möglich ist in dieser Zeit der Trennung, in der du und ich leben, und ganz bei dir in aller Ewigkeit?

Vier erbauliche Reden, 1844

Wer sich stets bedankt, der ist der in Wahrheit Betende.

Vier erbauliche Reden, 1844

Beten heißt nicht, sich selbst reden zu hören, sondern zum Schweigen zu gelangen, und schweigend zu verharren, zu warten, bis der Betende Gott hört.

Die Lilie auf dem Felde und der Vogel unter dem Himmel, 1849

Eine vorschnelle Erklärung könnte darauf hinauslaufen, dass Beten ein nutzloses Unterfangen sei, weil das Gebet eines Menschen den Unveränderlichen doch nicht ändert; aber wäre das denn auf Dauer wünschenswert, könnte der veränderbare Mensch es nicht leicht bereuen, wenn er Gott verändert hätte! Die wahre Erklärung ist daher auch das einzig Wünschenswerte: Das Gebet verändert nicht Gott, sondern es verändert den Betenden.

Erbauliche Reden in verschiedenem Geist, 1847

Das Religiöse ist ja eigentlich Ausdruck der Überzeugung, dass der Mensch mit Gottes Hilfe leichter ist als die ganze Welt; genau der gleiche Glaube, der der Grund dafür ist, dass ein Mensch schwimmen kann.

Entweder-Oder, Die ästhetische Gültigkeit der Ehe, 1843

Wer im Vertrauen auf Gott wahrhaft begeistert ist, der ist nicht wie ein Kerzenstummel, dessen Flamme beim ersten Wind verlischt, nein, er ist wie eine Feuersbrunst: Sturm kann ihn nicht aufhalten.

Erbauliche Reden in verschiedenem Geist, 1847

Gottes Wort ist gegeben, damit du danach handelst, nicht, damit du dich daran versuchst, dunkle Stellen zu interpretieren.

Zur Selbstprüfung, der Gegenwart anbefohlen, 1851

Stell dir ein Land vor. Es geht ein königliches Gebot an alle Beamten und Untertanen aus, kurzum, an die gesamte Bevölkerung. Was geschieht? Mit allen findet eine merkwürdige Veränderung statt: Alle verwandeln sich zu Erklärern, die Beamten werden zu Schriftstellern, und jeden Tag erscheinen Interpretationen, die eine gelehrter, scharfsinniger, geschmackvoller, tiefsinniger, einfallsreicher, wundervoller, hübscher und wunderbar schöner als die andere; die Kritik, die die Übersicht über diese ungeheure Menge an Literatur behalten soll, ja, die Kritik wird selbst zu einer so weitläufigen Literatur, dass es nicht mehr möglich ist, die Übersicht über die Kritik zu behalten: Alles ist Interpretation – aber niemand las das königliche Gebot so, dass er danach handelte. Und nicht genug damit, dass alles Interpretation wurde, nein, gleichzeitig hat man den Gesichtspunkt für das, was Ernst ist, verschoben und die Beschäftigung mit der Interpretation zum eigentlichen Ernst gemacht.

Stell dir vor, dieser König sei kein menschlicher König – denn der würde wohl durchaus verstehen, dass man ihn durch die Art und Weise, wie die Sache verdreht wird, eigentlich zum Narren hält; aber da ein menschlicher König insbesondere von sämtlichen Beamten und Untertanen abhängig ist, so wäre er wohl gezwungen, gute Miene zum bösen Spiel zu machen, und müsste so tun, als wäre alles in Ordnung. Der geschmackvollste Erklärer würde zur Belohnung in den Adelsstand erhoben, und der tiefsinnigste mit einem Orden ausgezeichnet usw. –

Stell dir vor, dieser König wäre allmächtig und käme also nicht in die Verlegenheit, auch wenn alle Beamten und Untertanen falsch gegen ihn spielten. Was glaubst du, würde dieser allmächtige König nun über die Sache denken? Würde er sagen: dass sie dem Gebot nicht nachkommen, könnte ich noch verzeihen; darüber hinaus, wenn sie vereint mit einer Bittschrift zu mir kämen, dass ich Geduld mit ihnen haben oder sie vielleicht ganz mit diesem Gebot verschonen solle, das ihnen so schwer fällt: das könnte ich ihnen verzeihen.

Aber ich kann ihnen nicht verzeihen, dass man sogar den Gesichtspunkt, für das, was Ernst ist, verschiebt.

Zur Selbstprüfung, der Gegenwart anbefohlen, 1851

Was ist die Taufe ohne Aneignung? Ja, die Möglichkeit, dass das getaufte Kind ein Christ werden kann, weder mehr noch weniger.

Abschließende unwissenschaftliche Nachschrift, 1846

Einem in Wahrheit verliebtem Mädchen fiele es gewiss niemals ein, dass sie ihr Glück zu teuer erkauft hat, sondern eher, dass sie es nicht teuer genug erkauft hat. Und wie die Leidenschaft der Unendlichkeit selbst die Wahrheit ist, so gilt auch vom Höchsten, dass der Preis der Kauf ist, und dass der niedrige Preis ein schlechtes Geschäft bedeutet, während der höchste Preis im Verhältnis zu Gott kein Verdienst ist, da der höchste Preis gerade der ist, alles tun zu wollen und doch zu wissen, dass es nichts ist (denn wäre es etwas, dann wäre der Preis niedriger), und es dennoch zu wollen.

Abschließende unwissenschaftliche Nachschrift, 1846

Die Probe ist ganz einfach: Lass den Staat (und dies ist die einzig wahre christliche Forderung, wie es auch das einzig Vernünftige ist) die gesamte Verkündung des Christentums zur privaten Praxis machen – und es würde sich bald zeigen, ob es hierzulande 1½ Millionen Christen gibt; ebenso, ob hierzulande 1000 Pfarrer samt Familie benötigt werden.

In Wahrheit würde sich wohl herausstellen, dass wahrscheinlich nicht einmal 100 Pfarrer benötigt werden, und in Wahrheit würde sich wohl herausstellen, dass wahrschein-

lich nicht ein einziger all dieser Bischöfe, Pröbste, Pfarrer
imstande ist, eine private Praxis zu übernehmen.

Der Augenblick, 1855

In der prachtvollen Domkirche tritt der hochwohlgeborene,
hochehrwürdige geheime General-Ober-Hof-Prediger, der
erwählte Günstling der vornehmen Welt, vor einen auserwählten Kreis von Auserwählten und predigt *gerührt* über
den von ihm selbst ausgewählten Text »Gott hat auserwählt
das Geringe vor der Welt und das Verachtete« – und da ist
niemand, der lacht.

Der Augenblick, 1855

Der Unterschied zwischen dem Theater und der Kirche ist
im wesentlichen der, dass sich das Theater ehrlich und red-
lich zu dem bekennt, was es ist; die Kirche dagegen ist ein
Theater, das unredlich in jeder Weise zu verbergen sucht,
was es ist.

Der Augenblick, 1855

Wenn ein Mann Zahnschmerzen hat, sagt die Welt »armer
Mann«; wenn einem Mann die Frau untreu wird, sagt die
Welt »armer Mann«; wenn ein Mann in Geldschwierigkei-
ten ist, sagt die Welt »armer Mann«. – Wenn es Gott gefällt,
in der Gestalt eines armseligen Dieners in dieser Welt leiden
zu wollen, sagt die Welt »armer Mensch«; wenn ein Apostel
in göttlicher Mission die Ehre hat, für die Wahrheit zu leiden, sagt die Welt »armer Mensch«: arme Welt!

Der Augenblick, 1855

Man kann nicht von Nichts leben. Das hört man so oft,
besonders von Pfarrern. Und gerade den Pfarrern gelingt

dieses Kunststück: das Christentum ist gar nicht da – und dennoch leben sie davon.

Der Augenblick, 1855

Sieh, der Watende fühlt sich mit dem Fuß vor, damit er nicht weiter hinausgeht, als er Grund finden kann: Und genau so fühlt sich der Verständige mit dem Verstand in der Wahrscheinlichkeit vor und findet Gott dort, wo die Wahrscheinlichkeit ausreicht. Und dann dankt er ihm an den großen Feiertagen der Wahrscheinlichkeit, wenn er mit einem richtig guten Auskommen versehen ist und obendrein die Wahrscheinlichkeit besteht, bald Karriere zu machen; wenn er sich ein gleichermaßen hübsches wie freundliches Mädchen zur Frau nimmt, und selbst Kriegsrat Marcussen sagt, dass es eine glückliche Ehe werde, und dass das Mädchen von dieser Art Schönheit sei, die sich aller Wahrscheinlichkeit nach lange halten werde, und so gebaut, dass sie aller Wahrscheinlichkeit nach gesunde und starke Kinder gebiert.

Gegen den Verstand zu glauben, ist etwas anderes, und mit dem Verstand zu glauben, ist überhaupt nicht möglich. Denn wer mit dem Verstand glaubt, spricht nur über Auskommen, Ehefrau, Acker und Ochsen und dergleichen, was überhaupt nicht Gegenstand des Glaubens ist, da der Glaube *immer* Gott dankt, *immer* in Lebensgefahr schwebt, in jenem Zusammenprall der Unendlichkeit und der Endlichkeit, der besonders lebensgefährlich für den ist, der aus beiden zusammengesetzt ist. Die Wahrscheinlichkeit ist dem Gläubigen daher so wenig angenehm, dass er sie am allermeisten fürchtet, da er genau weiß, dass es so ist, weil er den Glauben zu verlieren beginnt. Der Glaube hat nämlich zwei Aufgaben: aufzupassen und in jedem Augenblick die Unwahrscheinlichkeit, das Paradoxe, zu entdecken, um es dann mit der Leidenschaft der Innerlichkeit festzuhalten.

Abschließende unwissenschaftliche Nachschrift, 1846

Bei schönem Wetter ruhig in einem Schiff zu sitzen, ist kein Bild für den Glauben; wenn das Schiff aber ein Leck bekommen hat, das Schiff dann begeistert durch Pumpen zu halten und keinen Hafen aufzusuchen: das ist das Bild. Enthält das Bild auch eine Unmöglichkeit auf Dauer, so hat das nur etwas mit der Unvollkommenheit des Bildes zu tun, der Glaube hält aus. Während der Verstand wie der verzweifelte Passagier die Arme dem Land entgegenstreckt, allerdings vergeblich, arbeitet der Glaube aus Leibeskräften in der Tiefe: Froh und siegreich rettet er die Seele gegen den Verstand.

Abschließende unwissenschaftliche Nachschrift, 1846

Christentum ist Geist, Geist ist Innerlichkeit, Innerlichkeit ist Subjektivität, Subjektivität ist in ihrem Wesentlichen Leidenschaft, in ihrem Höchstmaß unendlich interessierte Leidenschaft an ihrer ewigen Seligkeit.

Abschließende unwissenschaftliche Nachschrift, 1846

Das Höchste der Innerlichkeit eines existierenden Subjekts ist Leidenschaft, der Leidenschaft entspricht die Wahrheit als ein Paradox, und dass die Wahrheit zum Paradox wird, ist gerade in ihrem Verhältnis zu einem existierenden Subjekt begründet. So entspricht eins dem anderen. Vergisst man, ein existierendes Subjekt zu sein, hört die Leidenschaft auf, und die Wahrheit wird umgekehrt nicht zum Paradox, das erkennende Subjekt aber wird vom Mensch-

Sein zu einem phantastischem Etwas, und die Wahrheit zu einem phantastischen Gegenstand für dessen Erkennen.

Abschließende unwissenschaftliche Nachschrift, 1846

Das Christentum ist keine Lehre, sondern das Faktum, dass der Gott dagewesen ist.

Abschließende unwissenschaftliche Nachschrift, 1846

Wie alarmiert wären doch die Geldleute, wenn die Zinszahlungen plötzlich ausblieben, wie entsetzt wären die Seefahrer, wenn die Regierung die Häfen sperren würde; doch posito[1], ich erkläre, dass die ewige Seligkeit ausbleibt, wie viele unter den Herren Erwartenden (und wir erwarten doch alle eine ewige Seligkeit) würden dadurch in Verlegenheit geraten?

Abschließende unwissenschaftliche Nachschrift, 1846

Stell dir ein Krankenhaus vor. Die Patienten sterben wie Fliegen. Die Behandlung wird geändert, mal auf die eine, mal auf die andere Weise: nichts hilft. Woran mag es liegen? Es liegt am Gebäude, das ganze Gebäude ist vergiftet; dass die Patienten mal an der einen, mal an der anderen Krankheit sterben, ist eigentlich nicht wahr; denn sie sind alle an dem Gift gestorben, das in dem Gebäude ist.

Ebenso verhält es sich mit dem Religiösen. Dass der religiöse Zustand jämmerlich ist, dass die Menschen religiös in einem erbärmlichen Zustand sind, das ist gewiss. Nun meint der Eine, es würde helfen, wenn man ein neues Gesangbuch bekäme, ein Anderer, wenn es eine neue Gottes-

---

1 lat.: gesetzt, angenommen.

dienstordnung, ein Dritter, wenn es musikalische Gottes-
dienste gäbe, und so weiter, und so fort.

Vergeblich, denn es liegt: am Gebäude. Der ganze Plunder
mit einer Staatskirche, wo, geistlich gesprochen, seit un-
denklichen Zeiten nicht mehr gelüftet worden ist, die einge-
sperrte Luft in diesem Plunder hat Gift entwickelt. Und
darum ist das religiöse Leben krank oder ausgestorben, ach,
denn gerade das, was die Weltlichkeit für Gesundheit hält,
ist, christlich betrachtet, Krankheit; oder umgekehrt, das
christlich Gesunde wird von der Weltlichkeit für krank gehalten.

Der Augenblick, 1855

Zeit und Gesellschaft

Alle wollen herrschen, niemand will die Verantwortung übernehmen.

Entweder-Oder, Der Widerschein des antiken Tragischen im modernen Tragischen, 1843

Unsere Zeit hat alle substantiellen Bestimmungen von Familie, Staat und Herkunft verloren; sie muss das einzelne Individuum ganz sich selbst überlassen, in der Weise, dass es in strengerem Sinne sein eigener Schöpfer wird.

Entweder-Oder, Der Widerschein des antiken Tragischen im modernen Tragischen, 1843

Unsere Zeit erinnert sehr an die Auflösung des griechischen Staatswesens. Alles besteht, und doch gibt es niemanden, der daran glaubt.

Entweder-Oder, Die ästhetische Gültigkeit der Ehe, 1843

In unserer Zeit wird alles vermischt, man beantwortet das Ästhetische ethisch, den Glauben intellektuell usw. Man ist mit allem fertig, und doch ist man weit davon entfernt, darauf zu achten, in welcher Sphäre jede Frage ihre Antwort findet. In der Welt des Geistes entsteht eine noch größere Konfusion, als würde zum Beispiel in der bürgerlichen Welt ein geistliches Anliegen beispielsweise von der Straßenpflasterungskommission beantwortet.

Abschließende unwissenschaftliche Nachschrift, 1846

Die Entscheidung im Äußerlichen ist ein Scherz, doch je
schläfriger ein Mensch lebt, desto mehr wird das Äußerliche
zur einzigen Entscheidung, die er kennt. Über die ewige Entscheidung des Individuums mit sich selbst hat man keine
Vorstellung, aber man glaubt doch, erst wenn eine Entscheidung auf gestempeltes Papier gebracht ist, so sei es entschie-
den, nicht vorher.

Abschließende unwissenschaftliche Nachschrift, 1846

Dies gehört mit zu der Verwirrung, die sich in unserer Zeit
auf so vielfältige Weise zeigt: Man sucht eine Sache dort, wo
man sie nicht suchen sollte. Und was noch schlimmer ist,
man findet sie dort, wo man sie nicht finden sollte; man will
im Theater erbaut, in der Kirche ästhetisch beeindruckt und
von Romanen bekehrt werden, man will erbauliche Schriften genießen, die Philosophie auf der Kanzel sehen und den
Pastor auf dem Katheder.

Entweder-Oder, Der Widerschein des antiken Tragischen
im modernen Tragischen, 1843

Während die Politiker besorgt einem Bankrott der Staaten
entgegensehen, steht möglicherweise ein weit größerer in
der Welt des Geistes bevor, weil allmählich die Begrifflich-
keiten aufgehoben werden und die Worte in der Lage sind,
alles zu bedeuten, und der Streit daher bisweilen ebenso lächerlich ist wie die Einigkeit. Denn um leichtfertige Worte
zu streiten und sich auf leichtfertige Worte zu einigen, ist
doch immer lächerlich, aber wenn selbst die beständigsten
Worte leichtfertig geworden sind: was dann?

Abschließende unwissenschaftliche Nachschrift, 1846

Gepriesen sei der wohlgeordnete Staat; beneidenswertes Glück für den, der ihn zu schätzen weiß! Wie einer so beschäftigt sein kann, den Staat reformieren und die Regierungsform verändern zu wollen! Von allen Regierungsformen ist die monarchistische die beste, mehr als jede andere begünstigt und befriedet sie die stillen Einbildungen und unschuldigen Verrücktheiten der Privatisierenden. Nur die Demokratie, die tyrannischste Regierungsform, verpflichtet jeden zur positiven Teilnahme, woran einen allein die Gesellschaften und Generalversammlungen unserer Zeit oft genug erinnern können. Ist das Tyrannei, dass einer regieren will und uns andere damit also in Ruhe lässt? Nein, aber das ist Tyrannei, dass alle regieren und obendrein jedermann verpflichten wollen, an der Regierung teilzunehmen, sogar den, der es sich auf das Inständigste verbittet, mit in der Regierung zu sein.

Abschließende unwissenschaftliche Nachschrift, 1846

Wie man in der Wüste aus Furcht vor Räubern und wilden Tieren in großen Karawanen reisen muss, so haben jetzt die Individuen ein Grauen vor der Existenz, weil sie gottverlassen ist; nur in großen Gruppen wagen sie zu leben und klammern sich *en masse* aneinander, um doch etwas zu sein.

Abschließende unwissenschaftliche Nachschrift, 1846

Unsere Zeit lässt nicht zu, dass man still steht und sich vertieft; langsam gehen ist bereits verdächtig; und wie sollte man sich auch in diesem bewegenden Augenblick, in dem wir leben, damit abfinden können, in dieser schicksalschwangeren Zeit, in der sich alle einig sind, dass sie schwanger geht mit dem Außerordentlichen? Sie hasst Isolation, und wie sollte sie es auch dulden können, dass ein

Mensch die verzweifelte Idee bekommt, allein durchs Leben zu gehen, diese Zeit, die selbst Hand in Hand und Arm in Arm (genau wie reisende Handwerkergesellen und Landsoldaten) für die Idee der Gesamtheit lebt?

Über den Begriff der Ironie, 1841

Die Isolation gewinnt immer mehr die Oberhand. Es ist immer isolierend, sich als Zahl geltend zu machen. Wenn jemand sich als einziger zur Geltung bringen will, so ist das eine Isolation. Es ist die gleiche Isolation, wenn Hunderte sich einzig und allein als hundert zur Geltung bringen wollen. Die Zahl an und für sich ist immer gleichgültig, es ist vollkommen gleichgültig, ob sie 1 heißt oder 1000 oder sämtliche Bewohner der Welt rein zahlenmäßig umfasst. Der Geist dieser Vereinigungen ist daher prinzipiell ebenso revolutionär wie der Geist, dem er entgegenarbeiten will.

Entweder-Oder, Der Widerschein des antiken Tragischen
im modernen Tragischen, 1843

Gerade das in unserer Zeit vergötterte positive Prinzip der gesellschaftlichen Verbindung ist das Verzehrende, das Demoralisierende.

Eine literarische Anzeige, 1846

Das Publikum ist alles und nichts, es ist von allen Mächten die gefährlichste und die nichtssagendste; man kann im Namen des Publikums zu einer ganzen Nation sprechen, und doch ist das Publikum weniger als ein einziger noch so geringer wirklicher Mensch.

Eine literarische Anzeige, 1846

Die Menge ist eine zweideutige Empfehlung für eine Sache; je größer die Menge ist, desto wahrscheinlicher ist es, dass das, was sie lobt, töricht ist, desto unwahrscheinlicher ist es, dass es Wahrheit ist.

Erbauliche Reden in verschiedenem Geist, 1847

Es ist absolut unmöglich, dass die Idee der Gesellschaft, der Gemeinschaft, die Rettung der Zeit wird; im Gegenteil, sie ist die Skepsis, die dazugehört, damit die Entwicklung der Individualität richtig vonstatten gehen kann, indem jedes Individuum entweder verloren geht oder, erzogen durch Abstraktion, religiös sich selbst gewinnt.

Das Prinzip gesellschaftlicher Interessenverbände (das seine Gültigkeit zutiefst im Verhältnis zu den materiellen Interessen haben kann) in unserer Zeit ist nicht bejahend, sondern verneinend, es ist eine Ausflucht, eine Ablenkung, ein Trugschluss der Sinne, deren Dialektik ist: Indem es die Individuen stärkt, entkräftet es sie; es stärkt durch das Zahlenmäßige, durch den Zusammenhalt, ethisch gesehen ist dies aber eine Schwächung. Erst wenn das einzelne Individuum in sich selbst zu einer ethischen Haltung gefunden hat, der ganzen Welt zum Trotz, erst dann kann davon die Rede sein, sich in Wahrheit zu vereinen, anderenfalls wird die Vereinigung derer, die in sich schwach sind, ebenso unschön und verderblich, als würden Kinder heiraten.

Eine literarische Anzeige, 1846

Die zahlreichen gesellschaftlichen Interessensverbände belegen die Auflösung der Zeit, sie selbst tragen dazu bei, diesen Prozess zu beschleunigen; sie sind Aufgusstierchen[1]

---

1 Mikroorganismen, die sich in einem Aufguss von Flüssigkeit entwickeln.

im Organismus des Staates, die darauf hinweisen, dass er sich auflöst.

Entweder-Oder, Der Widerschein des antiken Tragischen im modernen Tragischen, 1843

Ist in politischer Hinsicht das Band, das unsichtbar und geistig die Staaten zusammenhielt, nicht gelöst, ist nicht in der Religion die Macht, die am Unsichtbaren festhielt, geschwächt und zunichte gemacht, haben nicht Staatsmänner und Priester gemeinsam, dass sie sich wie einst die Auguren nicht gut in die Augen sehen können ohne zu lächeln?

Entweder-Oder, Der Widerschein des antiken Tragischen im modernen Tragischen, 1843

Eine leidenschaftslose Zeit besitzt keine Währung; alles wird zum Umsatz von Stellvertretungen.

Eine literarische Anzeige, 1846

So wird das Geld zuletzt das Begehrte, es ist ja auch ein Stellvertreter und eine Abstraktion. In der heutigen Zeit wird selbst ein Jüngling kaum einen anderen um seine Eigenschaften, seine Kunst, die Liebe eines schönen Mädchens oder seine Berühmtheit beneiden, nein, er wird ihn aber um sein Geld beneiden.

Eine literarische Anzeige, 1846

Ist es so herrlich, von Silber zu essen, wenn andere hungern, in Palästen zu wohnen, wenn so viele kein Obdach haben, der Gelehrte zu sein, was kein Einfältiger werden kann, einen Namen in dem Sinn zu haben, dass Tausende und Abertausende ausgeschlossen sind: ist das so herrlich?

Erbauliche Reden in verschiedenem Geist, 1847

Dieser böse Geist, die menschliche Furcht der Kleinlichkeit im Verhältnis zu seinesgleichen und der Tyrannei von seinesgleichen, dieser böse Geist, den man selbst heraufbeschwört, und der nicht in irgendeinem einzelnen Menschen wohnt oder irgendein einzelner Mensch ist, sondern verborgen herumschleicht und seine Beute sucht, nistet sich in das Verhältnis zwischen Mensch und Mensch ein: Dieser böse Geist, der eigentlich das Verhältnis eines jeden Einzelnen zu Gott abschaffen will, ist besonders schwer auszurotten.

Man merkt fast nicht, dass man sich auf eine Knechtschaft einlässt: Man vergisst es über den Eifer, die Menschen durch den Sturz der Herrschaften zu befreien. Man merkt fast nicht, dass es eine Knechtschaft ist: Wie wäre es auch möglich, ein Knecht zu sein im Verhältnis zu seinesgleichen?

Und doch heißt die richtige Lehre: Wovon ein unfreier Mensch abhängig ist, dessen Knecht ist er auch. Aber unsere freiheitsliebende Zeit denkt anders, sie denkt, wenn man nicht von einem Herrscher abhängig ist, dann ist man auch kein Knecht, wenn es keinen Herrscher gibt, gibt es auch keine Knechtschaft.

Man merkt fast nicht, dass man sich auf eine Knechtschaft einlässt, und gerade dies macht es so schwierig, sich von ihr loszureißen. Diese Knechtschaft besteht nämlich nicht darin, dass ein einziger viele unterdrücken will (das würde man schon merken), sondern, dass die Einzelnen, indem sie ihr Verhältnis zu Gott vergessen, gegenseitig voreinander Angst bekommen, dass der Einzelne vor mehreren oder vor vielen Menschen Angst bekommt, während diese wiederum – jeder für sich aus Menschenfurcht oder Gottvergessenheit – zusammenhalten und die »Menge« bilden, die auf den Adel der Ewigkeit verzichtet, der aber jedem gewährt ist: ein Einzelner zu sein.

Erbauliche Reden in verschiedenem Geist, 1847

Die siegreiche Lebensanschauung hält es für gegeben, dass im Durchschnitt die Wahrheit mit den meisten, mit der Menge der Menschen ist; gerade daher ist der Besitz von Macht und Ehre ein Kennzeichen dafür, dass man besonders gut ist.

Erbauliche Reden in verschiedenem Geist, 1847

So wie sich nach und nach eine gewisse oberflächliche Bildung verbreitet und dadurch die unterschiedlichen, wechselseitigen Berücksichtigungen zwischen den Menschen zunehmen, so wie die neidische und furchtsame Kleinlichkeit des ständigen Vergleichens nach und nach ansteckend um sich greift: so sieht es leider danach aus, als würde alles darauf abzielen, den Freimut in den Menschen zu erdrosseln.

Zur gleichen Zeit, in der gekämpft wird, um Herrschaften und Regimente zu stürzen, scheint man mit aller Kraft daran zu arbeiten, die gefährlichste Knechtschaft immer mehr zu entwickeln: die kleinliche menschliche Furcht im Verhältnis zu seinesgleichen.

Erbauliche Reden in verschiedenem Geist, 1847

Eine leidenschaftliche, tumultartige Zeit wird alles über den Haufen werfen, alles umstoßen. Eine revolutionäre, aber leidenschaftslose und reflektierende Zeit aber verwandelt die Kraftäußerung in ein dialektisches Kunststück: alles bestehen zu lassen, aber allem hinterlistig seine Bedeutung zu entziehen. Statt in einem Aufruhr kulminiert sie darin, die innere Wirklichkeit der Verhältnisse in einer Reflexionsspannung zu ermüden, die doch alles bestehen lässt und das ganze Dasein in eine Zweideutigkeit verwandelt, die in ihrer Tatsächlichkeit da ist, während dialektischer Betrug privatissime eine heimliche Lesart unterschiebt – dass es nicht da ist.

Eine literarische Anzeige, 1846

Der sich etablierende Neid ist die Nivellierung; und während eine leidenschaftliche Zeit anspornt, erhebt und stürzt, erhöht und erniedrigt, tut eine reflektierte, leidenschaftslose Zeit das Gegenteil, sie erwürgt und verhindert, sie nivelliert.

Eine literarische Anzeige, 1846

Während im Altertum die Menge der Individuen gleichsam dazu da war, den Preis zu bestimmen, wieviel das ausgezeichnete Individuum wert war, so ist der Münzfuß heute derart verändert, dass da *gleichmäßig* etwa so und so viele Menschen auf ein Individuum kommen, so dass es bloß noch darum geht, sich die gebührende Anzahl zu sichern – dann hat man Bedeutung.

Eine literarische Anzeige, 1846

Menge ist Unwahrheit, sofern die Menge entweder völlige Reuelosigkeit und Verantwortungslosigkeit zulässt oder zumindest die Verantwortung für den Einzelnen dadurch entkräftet, dass sie auf ein Bruchteil reduziert wird.

Der Gesichtspunkt für meine Wirksamkeit als Schriftsteller,
posthum erschienen, 1859

Ein jeder hat zu schweigen, sofern er nichts zum Verständnis mitzuteilen hat. Nur Lärm machen zu wollen ist eine Art gleißender Müßiggang und ein Verrat, der die Gesellschaft nur mit Vagabunden belästigt. Es ist ja ganz einfach, es so zu machen, ganz einfach, sich damit wichtig zu machen; es ist aber auch ganz einfach, ein Almosenempfänger zu werden, und dann ist es ganz einfach, dem Staat zuzuschreien: versorg mich.

Das Buch über Adler, 1847

Wie ein junger Mensch, der beschließt, vom 1. September an wirklich ernsthaft für sein Staatssexamen zu studieren, unterdessen aber entscheidet, im Monat August Ferien zu machen, um dafür Kraft zu sammeln: so scheint, was allerdings wesentlich schwieriger zu verstehen ist, die jetzige Generation den ernsthaften Beschluss gefasst zu haben, dass die nächste Generation ernsthaft mit der Arbeit beginnen soll, und damit sie nichts stört oder aufhält, befasst sich die jetzige Generation – mit Festmahlzeiten.

Eine literarische Anzeige, 1846

»Der Einzelne« ist die Kategorie, durch die – in religiöser Hinsicht – die Zeit, die Geschichte, das Geschlecht hindurch muss.

Der Gesichtspunkt für meine Wirksamkeit als Schriftsteller,
posthum erschienen, 1859

Die Subjektivität ist die Wahrheit; die Subjektivität ist die Wirklichkeit.

Abschließende unwissenschaftliche Nachschrift, 1846

Der Dichter

Was ist ein Dichter? Ein unglücklicher Mensch, der tiefe Qualen in seinem Herzen verbirgt, aber dessen Lippen so beschaffen sind, dass es wie schöne Musik klingt, wenn ihnen Seufzer und Schreie entströmen. Es ergeht ihm wie den Unglücklichen, die in Phalaris'[1] Ochsen langsam mit sanftem Feuer gequält wurden, und deren Schrei nicht an das Ohr des Tyrannen drang, um ihn zu erschrecken, für ihn klang es wie süße Musik.

Und die Menschen scharen sich um den Dichter und sagen zu ihm: »Sing bald wieder«, das heißt, deine Seele sollen neue Leiden martern, und die Lippen weiterhin so beschaffen sein wie bisher; denn Schreie würden uns bloß ängstigen, aber die Musik ist angenehm.

Und die Rezensenten treten hinzu und sagen: »Das ist richtig, so soll es nach den Regeln der Ästhetik sein«. Nun versteht es sich, dass ein Rezensent ja einem Dichter aufs Haar gleicht, nur dass er die Qualen nicht im Herzen und die Musik nicht auf den Lippen trägt.

Seht, daher will ich lieber Schweinehirt auf Amagerbro[2] sein und verstanden von den Schweinen, als Dichter und missverstanden von den Menschen.

Entweder-Oder, Diapsalmata, 1843

---

1 Phalaris, von 570-554 v. Chr. Tyrann in Agrigent, soll seine Gefangenen in einem großen Metallochsen gebraten haben, dessen Maul ein Instrument war, das die Schreie der Gefangenen in Musik umwandelte.
2 Amager, Teil der Insel vor Kopenhagen.

Dichter werden Priester genannt, weil sie das Leben erklären, aber von der großen Menge werden sie nicht verstanden, sondern nur von den Naturen, die das Herz haben, mitzufühlen.

Entweder-Oder, Die erste Liebe, 1843

Weil die uneigentlichen Schriftsteller – und das sind die meisten und so viele, dass nahezu der ganze Stand nach ihnen benannt wird – Notleidende sind, die nicht nur das Geld und die Ehrenbezeugungen des Publikums nötig haben, sondern die sogar das Publikum nötig haben, um möglicherweise zu Verständnis und Sinn zu kommen: darum wird dieses Verhalten ohne weiteres auf jeden Schriftsteller übertragen. Und doch ist gerade der kein Schriftsteller, der Publikum oder Diskussionen nötig hat, um Verständnis zu finden. Wenn in dem wahren Verhältnis zwischen Schriftsteller und Leser von Bedürfnis die Rede sein soll, dann ist es der Leser, der den Schriftsteller nötig haben sollte.

Das Buch über Adler, 1847

In der Regel ist eine Dichter-Existenz ein Menschenopfer.

*Entweder-Oder, Das Gleichgewicht zwischen dem Ästhetischen und
dem Ethischen in der Herausarbeitung der Persönlichkeit, 1843*

Das Genie ist nicht ein Talglichtlein, das bei einem Windstoß verlischt, sondern ein Feuer, das im Sturm noch höhere Flammen schlägt.

Aus den Papieren eines noch Lebenden, 1838

Solange es einen Menschen gibt, der eine menschliche Existenz einfordert, muss er die Poesie bewahren.

Abschließende unwissenschaftliche Nachschrift, 1846

Überall, wo in der Erkenntnis das Subjektive von Wichtig-
keit ist, die Aneignung also die Hauptsache ist, da ist die
Mitteilung ein Kunstwerk.

Abschließende unwissenschaftliche Nachschrift, 1846

Wenn nun die Menschen die Poesie verschmähen und keine
andere höhere Leidenschaft haben, was folgt dann daraus?
Natürlich, man verirrt sich in halben Gedanken und be-
glückt sich mit Einbildungen und Selbstbetrug.

Stadien auf des Lebens Weg, »Schuldig?« – »Nicht Schuldig?«, 1845

Der Begriff des Schriftstellers ist in unserer Zeit auf eine
höchst unselige Art und Weise entstellt. Da so viele, die
tatsächlich keine wesentlichen Qualifikationen dazu haben
(keine wesentliche Idee, keine wesentliche Botschaft, keine
ethisch selbstbewusste Verantwortung), dennoch Schriftsteller werden, ist der Begriff des Schriftstellers eine Art
Auszeichnung unter Männern, ebenso wie man sich unter
Frauenzimmern schmückt: Hauptsache und Absicht des
Schreibens ist es, bemerkt zu werden, anerkannt, gelobt.

Das Buch über Adler, 1847

Die Leute werden daran gewöhnt, einen Schriftsteller als
jemanden anzusehen, der schreibt, um Anerkennung zu
finden, womöglich sogar lobende Anerkennung. Sollte es
nicht denkbar sein, dass ein Schriftsteller schreibt, damit die
Wahrheit, die er mitzuteilen hat, verstanden werden kann?
Aber in diesem Fall wäre ihm ja überhaupt nicht damit gedient, sogar lobende Anerkennung zu finden – von einem
Missverstehenden.

Das Buch über Adler, 1847

Man könnte sich in Bezug auf das Schriftsteller-Sein vorstellen, dass man es werden könnte, ohne zu schreiben, dass man diese Würde kaufen könnte wie einen Titel, und doch müsste es so sein, dass man wirklich ein wenig Ansehen genießt: Dann würde vielleicht ein großer Teil unserer Schriftsteller aufhören zu schreiben. Und wenn man ohne zu schreiben das Geld bekommen könnte, das man durch das Schreiben verdient: Dann würde zweifellos ein anderer großer Teil unserer Schriftsteller aufhören zu schreiben, und man würde sehen, wie viele wirkliche Schriftsteller wir haben.

Das Buch über Adler, 1847

Im Verhältnis zum Gedicht ist die Existenz des Dichters unwesentlich.

Abschließende unwissenschaftliche Nachschrift, 1846

Ästhetisch ist das dichterische Werk das Wichtige und der Dichter das Zufällige.

Abschließende unwissenschaftliche Nachschrift, 1846

Die Absicht ist im Kunstwerk überall immanent vorhanden.

Aus den Papieren eines noch Lebenden, 1838

Die Lebensanschauung, die in der Erzählung enthalten ist, muss auch im endgültigen Text enthalten sein, sonst zeigt dieses Missverhältnis gerade, dass ein Autor trotz all seines vermeintlichen Schaffens keine Lebensanschauung hat.

Eine literarische Anzeige, 1846

Die Lebensanschauung ist der Ausweg und die Erzählung der Weg.

Eine literarische Anzeige, 1846

So barmherzig, so reich ist das Dasein: Je weniger man hat, desto mehr sieht man. Nimm ein Buch, das mittelmäßigste, das je geschrieben wurde, aber lies es mit der Leidenschaft, als wäre es das einzige, was du lesen wolltest: Du liest zuletzt aus diesem Buch alles heraus, das heißt, so viel, wie in dir selbst war, und mehr würdest du dir doch niemals anlesen, auch wenn du die besten Bücher lesen würdest.

Stadien auf des Lebens Weg, »Schuldig?« – »Nicht Schuldig?«, 1845

Das dichterische Ideal ist immer ein unwahres Ideal, denn das wahre Ideal ist immer das wirkliche.

Entweder-Oder, Das Gleichgewicht zwischen dem Ästhetischen und dem Ethischen in der Herausarbeitung der Persönlichkeit, 1843

Man wird durchaus durch Schreiben zum Schriftsteller, aber eben darum kann man eigenartigerweise auch gerade durch Schreiben den Namen Schriftsteller verscherzen.

Das Buch über Adler, 1847

Wenn dem Staat einfallen würde, alle wahre Poesie zu verhindern, dann brauchte er bloß – und Poesie ist doch der Welt gar nicht so entgegengesetzt wie es das Christentum ist –, ja, dann brauchte er bloß 1000 bezahlte Stellen für königliche Dichter-Beamte einzurichten: Dann wäre es bald geschafft, das Land wäre ständig mit minderwertiger Poesie in einem Maß überschwemmt, dass wahre Poesie so gut wie unmöglich würde. Die Wenigen, die wirklich den Ruf hätten, Dichter zu werden, würden gerade in dem kritischen

Augenblick vor der Anstrengung zurückschrecken, sich auf eigenes Risiko herauszuwagen; lieber hinein in die Bequemlichkeit: in ein königliches Amt. Aber gerade diese Herausforderung ist die Bedingung dafür, dass es mit ihrem Ruf zum Dichter etwas werden könnte. Die meisten würden in dem Dichterdasein nur einen Broterwerb sehen, einen Broterwerb, den man sich dadurch sichert, dass man die Peinlichkeit einer Examensvorbereitung aushält.

Der Augenblick, 1855

Einige meiner Landleute meinen, Schriftsteller in Dänemark zu sein, sei ein ärmlicher Broterwerb und eine kümmerliche Tätigkeit. Sie meinen, dies sei nicht nur der Fall bei einem so zweideutigen Autor wie mir, der keinen einzigen Leser hat und nur einige wenige bis zur Mitte des Buches, an den sie daher bei ihrem Urteil auch gar nicht erst dachten, sondern sie meinen, dies sei auch der Fall bei den Ausgezeichneten.

Nun ist das Land ja klein. Aber war es in Griechenland eine so gering geschätzte Tätigkeit, Obrigkeit zu sein, ungeachtet, dass es Geld kostete? Gesetzt dem Fall, es wäre so, gesetzt dem Fall, es würde so sein, dass es schließlich zum Schicksal eines Schriftstellers in Dänemark gehörte, jährlich für die Arbeit als Schriftsteller etwas bezahlen zu müssen: Nun ja, was auch immer passiert, der Fremde müsste sagen: In Dänemark ist es ein teurer Spaß, Schriftsteller zu sein, darum gibt es auch nicht sehr viele Autoren; aber dafür hat man auch nicht das, was wir Ausländer pfennigfuchsende Zeilenschinder nennen; in der dänischen Literatur ist das so unbekannt, dass die Sprache nicht einmal einen Ausdruck dafür hat.

Stadien auf des Lebens Weg, »Schuldig?« – »Nicht Schuldig?«, 1845

Wenn man zur »Sekte der Leser« gehört, wenn man sich also auf die eine oder andere Weise als fleißiger und aufmerksamer Leser auszeichnet, dann wächst bei den anderen die Vermutung, dass sich hier möglicherweise ein Schriftsteller entwickeln könnte, denn es ist wie Hamann[1] sagt: »Aus Kindern werden Leute, aus Jungfern werden Bräute, aus Lesern werden Schriftsteller.«

Nun beginnt ein rosenfarbenes Leben, das große Ähnlichkeit mit der ersten Blüte eines jungen Mädchens hat. Redakteure und Verleger fangen an, dich zu hofieren. Es ist eine gefährliche Periode, denn die Worte der Redakteure sind sehr verführerisch, und bald schon ist man in ihrer Gewalt; aber sie betrügen uns arme Kinder bloß, und dann, ja, dann ist es vorbei.

Pass also auf dich auf, junger Mensch, geh nicht zuviel in Cafés und Restaurants, denn dort spinnen die Redakteure ihr Garn. Und wenn sie dann einen jungen unschuldigen Menschen sehen, der frisch von der Leber weg redet, Überlegtes und Unüberlegtes, und der keine Vorstellung davon hat, ob das, was er sagt oder nicht sagt, irgendeine Bewandtnis hat, sondern sich bloß daran freut, seiner Rede freien Lauf zu lassen, sein Herz klopfen zu hören, während er spricht, in dem Gesagten klopfen zu hören, dann tritt eine sinistre Gestalt auf ihn zu, und diese Gestalt ist ein Redakteur. Er hat ein feines Ohr, er kann sofort hören, ob sich das, was gesagt wird, gedruckt gut ausnehmen wird oder nicht.

So führt er das junge Blut in Versuchung, er zeigt ihm, wie unverantwortlich es ist, seine Perlen derart wegzuwerfen, er

---

1 Johann Georg Hamann (1730-1788), deutscher Philosoph. Kierkegaard zitiert den deutschen Originaltext.

verspricht ihm Geld, Macht, Einfluss, auch bei dem schönen Geschlecht. Das Herz ist schwach, die Worte des Redakteurs sind schön, und rasch ist er gefangen.

Nun sucht er nicht mehr die einsamen Orte um zu seufzen, er eilt nicht mehr glücklich zum Tummelplatz der Jugend, um sich in der Rede zu berauschen, er ist stumm, denn der, der schreibt, redet nicht. Er sitzt bleich und kalt in seinem Arbeitszimmer, er wechselt nicht die Farbe beim Kuss einer Idee, er errötet nicht wie die junge Rose, wenn der Tau in ihren Becher sinkt, er hat kein Lächeln, keine Träne, ruhig folgt das Auge dem Weg der Feder über das Papier, denn er ist Schriftsteller und nicht mehr jung.

Entweder-Oder, Die erste Liebe, 1843

Der Dichter ist das Kind des Schmerzes, doch der Vater nennt ihn »Sohn der Freude«. Im Schmerz entsteht der Wunsch im Dichter; und dieser Wunsch, dieser brennende Wunsch, erfreut das menschliche Herz, mehr als der Wein, mehr als die erste Knospe des Frühlings, mehr als der erste Stern, den man müde vom Tag freudig begrüßt aus Sehnsucht nach der Nacht, mehr als der letzte Stern am Himmel, von dem man Abschied nimmt, wenn der Tag graut.

Der Dichter ist das Kind der Ewigkeit, doch es fehlt ihm der Ernst der Ewigkeit.

Die Lilie auf dem Felde und der Vogel unter dem Himmel, 1849

Ganz bestimmt ist die Sprache des Dichters höchst verschieden von der gewöhnlicher Menschen; sie ist so feierlich, dass sie, verglichen mit gewöhnlicher Sprache, beinahe wie Schweigen wirkt, jedoch kein Schweigen ist. Auch sucht der Dichter nicht die Stille, um zum Schweigen zu kommen, sondern im Gegenteil, um zum Reden zu kommen – so wie ein Dichter redet.

Die Lilie auf dem Felde und der Vogel unter dem Himmel, 1849

Ohne Leidenschaft kein Dichter und ohne Leidenschaft keine Poesie.

Stadien auf des Lebens Weg, »Schuldig?« – »Nicht Schuldig?«, 1845

Ein Gedicht ist das Echo des Schmerzes, ein Schrei ist schlechterdings kein Gedicht, aber das unendliche Echo des Schreies in sich selbst, das ist ein Gedicht.

Die Lilie auf dem Felde und der Vogel unter dem Himmel, 1849

Die Sprache

Seht, die Sprache zerbricht, und der Gedanke verwirrt sich; denn wer ist wohl der Glücklichste; wenn nicht der Unglücklichste, und wer der Unglücklichste, wenn nicht der Glücklichste, und was ist das Leben anderes als Wahnsinn, der Glaube anderes als Torheit, die Hoffnung anderes als eine Galgenfrist und Liebe anderes als Essig in der Wunde.

Entweder-Oder, Der Unglücklichste, 1843

Nur der hat eigentlich Stil, der niemals von vornherein fertig ist, aber jedes Mal, wenn er beginnt, »die Gewässer der Sprache« bewegt, so dass der alleralltäglichste Ausdruck für ihn mit neugeborener Ursprünglichkeit entsteht.

Abschließende unwissenschaftliche Nachschrift, 1846

Wie reich ist doch die Sprache im Dienste des Wunsches verglichen mit der Beschreibung der Wirklichkeit.

Stadien auf des Lebens Weg, In vino veritas, 1845

Es geht darum, den Begriff in jeder Kunst zu sehen und sich nicht davon verwirren zu lassen, was sie sonst noch kann. Der Begriff des Menschen ist Geist, und man soll sich nicht davon verwirren lassen, dass er im übrigen auch auf zwei Beinen gehen kann. Der Begriff der Sprache ist der Gedanke, und man soll sich nicht davon verwirren lassen, dass einige empfindsame Menschen glauben, dass es die höchste Bedeutung der Sprache sei, unartikulierte Laute hervorzubringen.

Entweder-Oder, Die unmittelbaren erotischen Stadien
oder das Musikalisch-Erotische, 1843

Ich bin überhaupt kein Freund von Bildern, die neuere Literatur hat sie mir in hohem Maße verleidet; denn bald ist es so weit gekommen, dass mich jedes Mal, wenn ich auf ein Bild stoße, unwillkürlich die Furcht beschleicht, dass es seine wahre Absicht ist, eine Dunkelheit des Gedankens zu verbergen.

Entweder-Oder, Die unmittelbaren erotischen Stadien oder das Musikalisch-Erotische, 1843

Im Allgemeinen meint man, dass die zahlreichen Kunstausdrücke in der wissenschaftlichen Phraseologie eine Darstellung unpopulär machen. Es ist allerdings eine ziemlich zufällige Art von Unpopularität, die wissenschaftliche Sprachführer z. B. mit Schiffern gemeinsam haben, die auch unpopulär sind, weil sie in einem Jargon reden, aber bestimmt nicht, weil sie etwa tiefsinnig reden. Im Laufe der Zeit kann durchaus auch eine philosophische Terminologie bis zum gemeinen Mann durchdringen, und schon war ihre Unpopularität zufällig. Es ist der Gedanke, nicht die Zufälligkeit des Ausdrucks, der im Wesentlichen eine Darstellung unpopulär macht.

Ein systematischer Borten- und Knopfmacher kann unpopulär werden, er ist es im Wesentlichen aber nicht, soweit er sich nicht allzu viel denkt bei dem höchst Wunderlichen, was er sagt (ach! auch dies ist eine populäre Kunst);

Sokrates hingegen war der unpopulärste Mann in Griechenland, gerade weil er das Gleiche sagte wie der einfachste Mensch, aber unendlich viel dabei dachte.

Stadien auf des Lebens Weg, »Schuldig?« – »Nicht Schuldig?«, 1845

Einige meiner Landsleute meinen, dass die Muttersprache nicht fähig sei, schwierige Gedanken auszudrücken. Dies scheint mir eine sonderbare und undankbare Meinung zu sein, so wie es mir auch sonderbar und übertrieben erscheint, sich so für die Muttersprache zu ereifern, dass man beinahe vergisst, sich an ihr zu erfreuen, und ihre Unabhängigkeit so eifrig verficht, dass der Eifer beinahe schon darauf verweist, dass man sich bereits abhängig fühlt, und das Wort, um das der Streit entbrannte, am Ende das Spannende wird, und nicht das Vergnügen an der Sprache das Erquickende.

Ich bin glücklich, an meine Muttersprache gebunden zu sein; gebunden, wie es möglicherweise nur wenige sind, gebunden, wie Adam an Eva gebunden war, weil es keine andere Frau gab, gebunden, weil es mir unmöglich gewesen ist, irgendeine andere Sprache zu lernen, und ich dadurch unmöglich in die Versuchung komme, die angeborene Sprache stolz und vornehm abzutun; ich bin froh, an eine Muttersprache gebunden zu sein, die reich ist an innerer Ursprünglichkeit, wenn sie die Seele erweitert und mit ihrem süßen Klang wollüstig im Ohr ertönt; eine Muttersprache, die bei schwierigen Gedanken nicht mühevoll aufstöhnt; daher glaubt vielleicht der eine oder andere, dass sich schwierige Gedanken in ihr nicht ausdrücken lassen, weil die Muttersprache Schwierigkeiten leicht macht, indem sie sie ausdrückt; eine Muttersprache, die nicht angestrengt keucht und ächzt, wenn es um das Unaussprechliche geht, sondern sich damit in Spaß und Ernst auseinandersetzt, bis es ausgesprochen ist; eine Sprache, die nicht weit entfernt findet, was nahe liegt, oder tief unten sucht, was geradewegs auf der Hand liegt, denn sie hat ein glückliches Verhältnis zu ihrem Gegenstand, so wie eine Elfe aus- und eingeht und den Gegenstand an den Tag bringt, oder ein Kind eine glückliche Bemerkung macht, ohne es genau zu wissen; eine

Sprache, die heftig und bewegt ist, jedes Mal, wenn der wahre Liebhaber die weibliche Leidenschaft der Sprache männlich zu erregen weiß; eine Sprache selbstbewusst und siegreich im Gedankenstreit, jedes Mal, wenn der wahre Herrscher sie anzuführen weiß, geschmeidig wie ein Ringer, jedes Mal, wenn der wahre Denker sie und den Gedanken nicht loslässt; eine Sprache, die, auch wenn sie an einzelnen Stellen arm erscheinen mag, es doch nicht ist, sondern nur verschmäht wie eine bescheidene Liebende, die allerdings am meisten wert ist und vor allen Dingen nicht verbraucht; eine Sprache, die nicht ohne Ausdruck für das Große, das Entscheidende und das Auffällige ist, die eine anmutige, eine gefällige, eine holdselige Vorliebe für den Zwischengedanken, den Nebenbegriff und das Beiwort hat, für das leise Plaudern der Stimmung, das Flüstern des Übergangs, die Innerlichkeit der Beugung und die verborgene Üppigkeit des verstohlenen Wohlbefindens; eine Sprache, die Spaß ebenso gut wie Ernst versteht: eine Muttersprache, die ihre Kinder mit einer Fessel gefangenhält, die »leicht zu tragen – ja! Aber schwer zu brechen ist«.

Stadien auf des Lebens Weg, »Schuldig?« – »Nicht Schuldig?«, 1845

Worüber man in Büchern vergeblich Auskunft zu bekommen versucht hat, davon geht einem plötzlich ein Licht auf, wenn man das Gespräch zwischen einem Dienstmädchen und einem anderen Dienstmädchen hört; man hört einen Ausdruck im Vorübergehen, den man vergeblich seinem eigenen Gehirn abquälen wollte, den man vergeblich in Wörterbüchern suchte, selbst in den wissenschaftlichen: ein Landsoldat sagt ihn und ahnt überhaupt nicht, welch reicher Mann er ist.

Und wie der, der in den großen Wald geht, und über das

Ganze verwundert hier einen Zweig abbricht, dort ein Blatt pflückt, sich nach einer Blume bückt oder einem Vogelschrei zuhört: genauso geht man durch die Menschenmenge, verwundert über die wunderbare Gabe der Sprache, pflückt hier den einen, dort einen anderen Ausdruck im Vorübergehen, freut sich daran und wird nicht so undankbar sein zu vergessen, wem man ihn verdankt. Genauso geht man in der Menschenmenge, sieht da die Äußerung eines Seelenzustandes, dort eines anderen, lernt und lernt und wird nur noch lernbegieriger. So lässt man sich also nicht von Büchern vormachen, dass das Menschliche so selten vorkommt, so liest man auch nicht in Zeitungen darüber; das Beste an der Äußerung, das Liebenswürdigste, der kleine psychologische Zug wird zuweilen einfach nicht bewahrt.

Stadien auf des Lebens Weg,
»Schuldig?« – »Nicht Schuldig?«, 1845

Vom Leben in Kopenhagen

Einige meiner Landsleute meinen nun, Kopenhagen sei eine langweilige Stadt und eine kleine Stadt. Mir dagegen scheint sie, so wie sie durch das Meer, an dem sie liegt, erfrischt wird, und wie selbst im Winter die Erinnerung an den Buchenwald nicht vergessen zu werden braucht, der glücklichste Aufenthaltsort, den ich mir wünschen könnte. Groß genug, eine größere Stadt zu sein, und klein genug, dass es keinen Marktpreis für Menschen gibt, kann sich weder der statistische Trost, den man in Paris über so und so viele Selbstmörder hat, noch die statistische Freude, die man in Paris über so und so viele Ausgezeichnete hat, störend hereindrängen und den Einzelnen in einem Sturm so herumwirbeln, dass das Leben seinen Sinn verliert, der Trost seinen Ruhetag, die Freude ihren Feiertag, weil alles im Inhaltslosen oder allzu Inhaltsreichen dahingeht. –

Einige meiner Landsleute finden die Menschen, die in dieser Stadt wohnen, nicht lebhaft genug, nicht rasch genug bewegt. Mir kommt es nicht so vor. Die Schnelligkeit, mit der in Paris Tausende einen Auflauf um einen veranstalten, mag diesem Einen, um den sie sich versammeln, wohl schmeicheln, aber ob damit nicht auch der Verlust des stilleren Sinns einhergeht, der den Einzelnen spüren lässt, dass er doch auch eine gewisse Bedeutung hat? Gerade weil der Preis der Individuen nicht gänzlich gefallen ist, als gingen so und so viele Dutzend auf einen Menschen, gerade weil das Volk glücklicherweise zu begriffsstutzig ist, um diese halbstündige Gelehrsamkeit zu begreifen, die bloß Verzweifelten und Verblendeten schmeichelt, gerade darum ist das Leben in dieser Hauptstadt so unterhaltsam für den, der sich an den Menschen zu freuen weiß, und das ist besser zu ertragen und bringt reichere Ausbeute als tausend Menschen dazu zu bekommen, eine halbe Stunde über einen zu jubeln.

Der Fehler ist hier vielleicht eher, dass ein Einzelner von fremden Orten träumt, ein anderer Einzelner in sich selbst verloren ist und ein dritter Einzelner engherzig und separatistisch usw. ist; also, dass alle diese Einzelnen sich selbst daran hindern, sich zu nehmen, was hier reichlich geboten wird, zu finden, was im Überfluss da ist, wenn es gesucht wird.

Wer hingegen überhaupt nichts unternehmen will, könnte aber, so er ein offenes Auge hat, allein dadurch ein genussreiches Leben führen, dass er auf andere achtet; und derjenige, der auch seine Arbeit hat, tut gut daran, darauf zu achten, dass er davon nicht allzu sehr in Anspruch genommen wird.

Denn wie traurig, wenn viele sich entgehen lassen würden, was nichts kostet, nicht der Eintritt, nicht die Ausgaben für ein Gastmahl, nicht der Beitrag zum gesellschaftlichen Leben, nicht die Unannehmlichkeiten und Scherereien, die den Reichsten und den Ärmsten gleich wenig kosten und doch der reichste Genuss sind, sondern wenn sie sich eine Unterweisung entgehen ließen, die man nicht von einem bestimmten Lehrmeister bekommt, sondern von irgendeinem Menschen im Vorübergehen, von einem Unbekannten im Gespräch, von jedem durch eine zufällige Berührung.

Stadien auf des Lebens Weg,
»Schuldig?« – »Nicht Schuldig?«, 1845

»Das Martyrium, das dieser Schriftsteller erlitt, lässt sich ganz kurz folgendermaßen beschreiben: Er litt daran, ein Genie in einer Kleinstadt zu sein.«

Der Gesichtspunkt für meine Wirksamkeit als Schriftsteller,
posthum erschienen, 1859

Parodistisches Selbstportrait

Es ist wohl nun vier Jahre her, seit ich den Einfall hatte, mich als Schriftsteller zu versuchen. Ich erinnere mich ganz deutlich daran, es war an einem Sonntag, ganz richtig, ja, an einem Sonntagnachmittag, ich saß wie gewöhnlich draußen beim Konditor im Frederiksberger Park, jenem wundervollen Garten, der für das Kind ein Zauberland war, wo der König und die Königin wohnten; jener herrliche Park, der für den Jüngling die glückliche Zerstreuung in der fröhlichen Heiterkeit des Volkes bedeutete; jener freundliche Park, der nun für den Älteren so heimelig ist in der wehmütigen Erhebung über die Welt und was der Welt gehört, wo selbst die beneidete Herrlichkeit der Königswürde ist, was sie ja hier draußen ist: die Erinnerung einer Königin[1] an ihren verstorbenen Herren; dort saß ich wie gewöhnlich und rauchte meine Zigarre.

Leider ist dies die einzige Ähnlichkeit, die ich zwischen dem Beginn meines geringen philosophischen Strebens und dem mirakulösen Anfang jenes poetischen Helden[2] ausmachen konnte: dass er an einem öffentlichen Ort stattfand. Sonst gibt es keinerlei Ähnlichkeit, und obwohl ich der Autor der *Brocken* bin, bin ich so unbedeutend, dass ich außer-

---

1 Nach dem Tod von König Frederik VI. 1839 verbrachte seine Witwe Marie Sofie Frederikke einen großen Teil ihrer letzten Lebensjahre auf Schloss Frederiksberg.

2 Kierkegaard parodiert hier die plötzliche »Offenbarung«, die der einflussreiche Dichter und Kritiker Johan Ludvig Heiberg (1791-1860) durch die Philosophie Hegels in einem Hamburger Hotel bekam. Obwohl der Abschnitt gleichzeitig Fiktion und Parodie ist, enthält er doch einige Passagen, die deutlich auf Kierkegaard selbst verweisen.

halb der Literatur stehe; nicht einmal zur Subskriptions-plan-Literatur habe ich etwas beigetragen, es kann wahrlich nicht gesagt werden, dass ich in ihr einen bedeutenden Platz einnähme.

Ich war gut zehn Jahre Student; und obwohl ich nie faul war, wirkte all meine Tätigkeit doch nur wie eine glänzende Untätigkeit, eine Art Beschäftigung, für die ich noch heute eine große Vorliebe habe, und vielleicht sogar ein bisschen Genialität. Ich las viel und verbrachte den Rest des Tages damit, umherzustreifen und zu denken, oder damit, zu denken und umherzustreifen, aber dabei blieb es auch, der produktive Keim in mir ging in dem täglichen Verbrauch auf und wurde verzehrt in seinem ersten Grün. Eine unerklär-liche, überzeugende Macht hielt mich zurück, ständig gleich stark und gleich geschickt, ich war gefangen in ihrer Über-zeugung. Diese Macht war meine Gleichgültigkeit. Sie ist nicht wie das heftige Verlangen der Liebe oder der starke Antrieb der Begeisterung, sie ist eher wie eine Hausfrau, die einen zurückhält und bei der man es sehr gut hat, so gut, dass es einem nie einfallen würde, sie heiraten zu wollen. Und so viel ist auch sicher, obwohl mir sonst die Bequem-lichkeiten des Lebens nicht unbekannt sind, von allen Be-quemlichkeiten ist die Gleichgültigkeit die allerbequemste.

So saß ich da und rauchte meine Zigarre, bis ich in Gedan-ken versank. Unter anderen erinnere ich mich an diese: Du wirst nun, sagte ich zu mir, allmählich ein alter Mensch, ohne etwas zu sein und ohne eigentlich etwas zu unterneh-men. Dagegen siehst du überall, wohin du in der Literatur oder im Leben auch schaust, die Namen und Gestalten von Gefeierten, du siehst teure und mit Beifall begrüßte Men-schen auftreten oder hörst von ihnen, von den vielen Wohl-tätern der Zeit, die der Menschheit nützen, indem sie das

Leben immer leichter machen; einige durch die Eisenbahn, andere durch Omnibusse und Dampfschiffe, wieder andere durch das Telegraphieren oder durch leichtverständliche Übersichten und kurze Mitteilungen von allem Wissenswerten; und endlich die wahren Wohltäter der Zeit, die die Existenz des Geistes durch Gedankenkraft systematisch immer leichter und doch immer bedeutungsvoller machen: Was tust du?

Hier wurde meine Selbstbetrachtung unterbrochen, denn die Zigarre war aufgeraucht, eine neue musste angezündet werden. So rauchte ich erneut, und da fährt plötzlich dieser Gedanke durch meine Seele: Du musst etwas tun, aber da es für deine eingeschränkten Fähigkeiten unmöglich ist, irgendetwas noch leichter zu machen, als es bereits ist, musst du dich mit der gleichen menschenfreundlichen Begeisterung wie die anderen der Aufgabe annehmen, etwas schwerer zu machen. Dieser Einfall gefiel mir außerordentlich, gleichzeitig schmeichelte es mir, dass ich nun wie andere auch durch mein Streben von der ganzen Gemeinde geliebt und geachtet würde. Wenn sich nämlich alle zusammentun, um auf alle möglichen Arten alles leichter zu machen, dann ist nur noch eine Gefahr denkbar, dass nämlich die Leichtigkeit so groß wird, dass sie allzu leicht wird; dann bleibt nur ein einziges Bedürfnis übrig, auch wenn man es noch nicht so empfindet: dass die Schwierigkeit vermisst wird.

Aus Liebe zur Menschheit, aus Verzweiflung über meine peinliche Situation, nichts ausgerichtet zu haben und nichts leichter machen zu können als es schon ist, aus wahrem Interesse für die, die alles leicht machen, begriff ich dies als meine Aufgabe: überall Schwierigkeiten zu machen. Zugleich fiel mir sonderbar auf, ob ich es nicht doch meiner Gleichgültigkeit zu verdanken hätte, dass dies meine Aufgabe würde. Ich bin weit davon entfernt, meine Aufgabe wie Aladdin durch einen glücklichen Zufall gefunden zu haben, eher muss ich annehmen, dass mir meine Gleichgültigkeit, indem sie mich daran hinderte, rechtzeitig beim Leichtmachen zuzugreifen, das Einzige aufgenötigt hat, was zurückgeblieben war.

So strebe also auch ich hin zu dem erhabenen Ziel, mit Beifall begrüßt zu werden – es sei denn, dass ich ausgelacht oder vielleicht sogar gekreuzigt werden sollte. Denn das ist gewiss, jeder, der Bravo ruft, ruft auch pereat[1], item kreuziget ihn, und das sogar, ohne seinem Charakter untreu zu werden, im Gegenteil, gerade er bleibt seinem Charakter wesentlich treu – qua Ausrufer. Aber würde mein Streben auch verkannt, so bin ich mir doch bewusst, dass es ebenso edel ist wie das der anderen. Denn wenn bei einem Gastmahl, bei dem sich die Gäste bereits überfressen haben, einer darauf bedacht ist, noch mehr Gerichte herbeizuschaffen, ein anderer aber darauf, ein Brechmittel bereit zu halten, so ist es sicherlich wahr, dass nur der erste erfasst hat, was die Gäste fordern, aber ob der andere nicht doch auch von sich sagen darf, er habe bedacht, was sie fordern könnten?

Abschließende unwissenschaftliche Nachschrift, 1846

---

1 lat.: Nieder mit ihm.

Über mich

Ich bin mit meiner Zeit und dem, was in ihr gärt, nicht unvertraut, ich halte mich auf dem Laufenden – allerdings wie jemand, der auch auf dem Schiff mitsegelt und eine separate Kajüte hat –, nicht mit der Qualität von etwas Außerordentlichem, als hätte ich die Autorität, nein, mit der Qualität eines Sonderlings, der nichts weniger hat als Autorität. Ich habe weder als ich als Schriftsteller begann, noch später irgendeine Autorität erworben, ebenso wenig wie ich irgendeine besondere Bedeutung für meine ernsthafte Gegenwart habe – ja, es sei denn, dass ich sie mit Hilfe meiner Hosen bekommen hätte, die in einem solch eminenten Grad zur Sensation wurden und sich das besondere Interesse eines ernsthaften und gebildeten Publikums zugezogen haben. Es ist wie Zauberei mitten im 19. Jahrhundert, es ist wie in den Geschichten aus Tausendundeiner Nacht – ein Paar alte graue Hosen lassen alles andere in Vergessenheit geraten. Und Zauberei ist es, denn niemand weiß, woran es liegt. Aber damit nicht genug, das Folgende ist ebenso verhext. Jene ernsthaften, pflichteifrigen Zensoren, die im Namen eines ernsthaften Publikums mit catonischer[1] Strenge die Veränderungen der Zeit beanstanden – mit Blick auf Hosen, haben sich häufiger mit meinen beschäftigt; mal haben sie sie als zu kurz empfunden, mal als zu lang, ach, und die Hosen waren doch immer dieselben alten grauen.

Eine derart faktische Begebenheit hat wirklich ihre Bedeutung, sie ist ein Zug, der überhaupt vorzüglich das Urteil

---

1 Nach dem römischen Konsul Cato (234-149 v. Chr.), der bekannt war für seine strikte Wahrung alter römischer Tugenden.

des Publikums charakterisiert; sie hat ihre Bedeutung, und darum verdient sie es, ein klein wenig verewigt zu werden, als ein Beitrag zur Zeit-Geschichte, um zu zeigen, was das Kopenhagener Publikum besonders beschäftigte. Denn was den Augenblick erfüllt hat, so sagen die Weisen der Zeit, lebt ewig; wenn also meine Schriften längst vergessen sind, werden doch die Hosen, obwohl sie längst verschlissen sind, ewig leben.

Das Buch über Adler, 1847

Ausgang

Mein Schmerz und mein Leid sind namenlos, wie ich es selbst bin.

Die Wiederholung, 1843

Meine Aufgabe hat mich rein ästhetisch und psychologisch beschäftigt. Ich habe mich selbst mit eingebracht; wenn du aber, mein lieber Leser, genauer hinsiehst, wirst du rasch erkennen, dass ich lediglich ein dienender Geist bin.

Die Wiederholung, 1843

Ich könnte mich hinsetzen und unablässig Tag und Nacht schreiben und wieder einen Tag und eine Nacht, denn Reichtum gibt es genug. Täte ich es, so bin ich zerborsten.

Der Gesichtspunkt für meine Wirksamkeit als Schriftsteller, posthum erschienen, 1859

Im Grunde habe ich gelebt wie ein Schreiber in seinem Kontor.

Der Gesichtspunkt für meine Wirksamkeit als Schriftsteller, posthum erschienen, 1859

Von Kindesbeinen an war ich in der Gewalt einer ungeheuren Schwermut, deren Tiefe ihren einzig wahren Ausdruck in der mir vergönnten ebenso ungeheuren Fähigkeit findet, sie unter scheinbarer Munterkeit und Lebenslust zu verbergen.

Der Gesichtspunkt für meine Wirksamkeit als Schriftsteller, posthum erschienen, 1859

Ich habe keine Unmittelbarkeit gehabt und habe daher, ganz menschlich betrachtet, nicht gelebt; ich habe sofort mit der Reflexion begonnen, ich habe, als ich älter wurde, nicht ein wenig Reflexion gesammelt, sondern eigentlich bin ich Reflexion von Anfang bis Ende.

Der Gesichtspunkt für meine Wirksamkeit als Schriftsteller,
posthum erschienen, 1859

Ich hatte einen Pfahl im Fleisch.

Der Gesichtspunkt für meine Wirksamkeit als Schriftsteller,
posthum erschienen, 1859

Nachwort

Søren Kierkegaard war Philosoph, Theologe und Dichter; darüber hinaus haben wir es mit einem einfühlsamen Psychologen und einem genauen Beobachter des alltäglichen Lebens und des besonderen Gebrauchs von Umgangssprache zu tun.

Sein Werk trennte er bewusst nicht in philosophische, theologische und literarische Arbeiten, die Beschäftigung mit seiner Philosophie wird dadurch gleichermaßen faszinierend wie komplex. Denn leicht ist sein Rollenspiel nicht zu durchschauen, da Kierkegaard grundlegende philosophische Erkenntnisse in fiktiver, d. h. literarischer Form präsentiert – eine erhebliche Herausforderung für heutige Leser, die sich angewöhnt haben, in festen Bahnen und Schubladen zu denken. Im griechischen Altertum konnte sich Platon dieses Verfahren erlauben; von einem Philosophen, Theologen oder Dichter unserer Zeit hingegen wird erwartet, dass er innerhalb seines Faches bleibt und innerhalb des Rahmens formuliert, den ihm sein Fachgebiet vorgibt.

Kierkegaard und Nietzsche, die beiden Philosophen, die eine wesentliche Rolle für die Entwicklung unseres modernen Lebensverständnisses gespielt haben, haben sich mehr oder weniger als Dichter verstanden und entsprechend geschrieben. Beide haben den sogenannten objektiven Autoritäten und Institutionen den vermeintlich festen Boden unter den Füßen wegziehen wollen; beide haben in ihrem Werk die individuelle Aneignung von Erkenntnis propagiert, die Aneignung auf eigene Verantwortung und auf eigenes Risiko.

Kierkegaard wird heute als der wesentliche Vordenker einer philosophischen Richtung angesehen, die im 20. Jahrhundert als Existentialismus bekannt wurde. Er entwickelte ein allgemein gültiges, zeitloses Menschenbild, nach dem jeder einzelne Mensch die absolute Verantwortung für sich selbst tragen muss, indem er die wesentlichen Dinge selbst zu entscheiden und in Einklang zwischen Charakter und konkreter Existenz zu handeln hat.

Kierkegaards wesentliche Forderung ist, dass jeder Mensch in die Lage versetzt wird, die grundlegenden Fragen des Lebens an sich selbst zu stellen, jederzeit und in jeder Situation. Ein einigermaßen abstrakter Anspruch, bedenkt man, dass Kierkegaard selbst immer wieder von der alltäglichen Wirklichkeit spricht und anstelle von Theorie und Abstraktion konkretes Handeln fordert. Seine Forderung muss aber notwendigerweise abstrakt bleiben, denn Kierkegaard will eben keine Anweisungen erteilen, wie sich der einzelne Mensch zu entscheiden hat. Damit würde er einem Grundprinzip widersprechen, dem Individuum die absolute Eigenverantwortung abnehmen und sich selbst eine unangemessene Autorität zugestehen. Würde er den Menschen konkret sagen, was sie zu tun hätten und wie sie ihr Leben gestalten sollten, unterlägen ihre Handlungen seiner Verantwortung, nicht mehr ihrer eigenen.

Die Wahrheit – oder um es anders zu formulieren: die Lebensgrundlage – ist nach Kierkegaard nichts, was ein Mensch dem anderen geben kann. Jeder einzelne muss selbst die Verantwortung für *seine* Wahrheit, für *seine* Lebensgrundlage übernehmen.

Daher wollte er auch die *Aneignung* dieser These bewusst erschweren, denn zur »Wahrheit« hat man sich seiner Ansicht nach vorzukämpfen, sie muss »erworben« und »erobert« werden. Ihm war jeder suspekt, der behauptete, bereits im Besitz der Wahrheit zu sein. Der Weg zur Wahrheit ist grundsätzlich mühsam. Der nie aufhörende Prozess des Aneignens ersetzt bei Kierkegaard, wie in Goethes »Faust«, Ziel und ruhigen Besitz.

Ein so radikaler Verzicht auf Autorität und geistige Macht verlangt eine Erklärung.

Kierkegaard las die Zeichen seiner Zeit deutlicher als die meisten seiner Zeitgenossen, und er versuchte, Konsequenzen aus den Dingen zu ziehen, die er sah. Er lebte und schrieb in der Mitte des 19. Jahrhunderts, einer Zeit, die er als eine Epoche der Krise empfand. Vom heutigen Standpunkt aus betrachtet waren es die Geburtswehen der neuen Zeit, die Vorboten der Moderne, die er registrierte. Die zeitgenössische Philosophie, die zutiefst von Hegels Systematik geprägt war, begriff Kierkegaard als ein reines Erklärungsmodell für historische Veränderungen aufgrund innerer, logischer Antriebskräfte (ähnlich wie später Hegels Schüler Karl Marx geschichtliche Abläufe erklärte). Dieses umfassende und abstrakte Modell erklärte nicht die Existenz des Einzelnen, es gab keinen Platz für den einzelnen Menschen, von dem oder mit dem doch die Geschichte handelt.

Zunächst noch von den Gedankenmodellen Hegels beeinflusst, distanzierte sich Kierkegaard allmählich von dessen Systematik und formulierte eine generelle Absage an das Denken in Systemen und Abstraktionen, die persönliche Leidenschaften ignorieren und die Wahlmöglichkeiten des Individuums verhindern. In der gesellschaftlichen Entwicklung seiner Zeit sah er den raschen Untergang von alten Denk- und Glaubensmodellen, die dem Individuum bis dahin Halt gegeben und sein Dasein erklärt hatten. Kierkegaard lebte in einem Europa der Revolutionen, des liberalen und demokratischen Aufbruchs: Neue Herrschaftsformen lösten die alten ab, Presse- und Meinungsfreiheit wurden propagiert, die traditionelle Rolle von Kirche und Staat war einem tiefgreifenden Wandel ausgesetzt. Kierkegaard reagierte auf seine Weise: Er stellte das Individuum, seine einmalige Situation, über die äußerlichen Formen und Autoritäten.

Exemplarisch wird diese Haltung an seiner Auffassung vom Christentum: Kierkegaard besteht hartnäckig auf der prinzipiell unverständlichen Beziehung (dem »Absurden«) zwischen Mensch und Gott. Gott ist zwar da, aber eigentlich wissen wir überhaupt nichts von ihm. Und doch muss der Mensch in eigener Verantwortung und auf eigenes Risiko entscheiden, ob er an diesen Gott glauben will – er muss sich in ein Dunkel wagen, wo ihn nur noch sein eigener Entschluss, oder besser, seine eigene Leidenschaft trägt.

Kierkegaards Gedanken über die Existenz fußen auf einer kritischen Analyse der Entwicklungen seiner Zeit und ihrer Gesellschaft – Entwicklungen, die sich damals erst andeuteten, deren Ergebnisse wir aber heute in unserer unmittelbaren Gegenwart erfahren. Es ist daher kein Zufall, dass Kierkegaard zu Lebzeiten eher unbeachtet blieb und seine internationale Rezeption ein Phänomen des 20. Jahrhunderts ist: Er war seiner Zeit schlicht voraus.

Erst im 20. Jahrhundert entstanden die großen Systeme, die auf menschenverachtende Weise das Individuum unterdrückten und die persönliche Stellungnahme verdächtig werden ließen. Erst im 20. Jahrhundert war in großem Ausmaß und mit gewaltigen destruktiven Folgen zu erleben, wie sich der Einzelne in der Anonymität versteckte und seine persönliche Verantwortlichkeit aufgab. Erst im 20. Jahrhundert entwickelten sich die Massenmedien zu Herrschern über die öffentliche Meinung und wurden somit zu Instrumenten, mit denen die Handlungen der verantwortlichen

Beschlussträger auf häufig nicht mehr nachvollziehbare Weise gesteuert werden. Und erst im 20. Jahrhundert wurde der Gehorsam gegenüber einer namen- und gesichtslosen politischen Korrektheit zu einer inneren Zensurinstanz im täglichen Bewusstsein der Menschen.

Eine Beschäftigung mit Kierkegaards Gedanken ist daher heute notwendiger denn je. Nur dürfen diese Gedanken nicht allzu abstrakt präsentiert werden. Kierkegaards Philosophie basierte auf einer aktuellen Zeitkritik, und daher müssen seine Gedanken, wenn sie weiterwirken sollen, immer wieder aktualisiert werden – sowohl für das eigene persönliche Leben als auch gegenüber den Verhältnissen, in denen sich dieses Leben vollzieht.

Kierkegaard nahm die zunehmende Verantwortungslosigkeit und Anonymisierung des Individuums in seiner Zeit sehr genau wahr. Seine Beobachtungen waren die Grundlage für ein ungewöhnliches Werk, in dem, anstatt konkrete Handlungsanweisungen zu geben – also Regeln, was die Menschen zu tun oder zu lassen hätten – *Möglichkeiten* durchgespielt werden, wohlgemerkt so, dass er selbst hinter den verschiedenen Möglichkeiten verborgen blieb. Der Leser soll die Wahl zwischen unterschiedlichen Möglichkeiten und Wegen haben, er soll auf eigene Verantwortung entscheiden. Doch Kierkegaard geht noch einen Schritt weiter, indem er gar keine unmittelbare Entscheidung verlangt. Der Leser soll in erster Linie die Notwendigkeit einer Entscheidung einsehen – und selbst den Grund der Entscheidung erkennen, den Kern, den tieferen Sinn, den diese Entscheidung trägt.

Ein wesentlicher Teil von Kierkegaards Werk führt derartige Möglichkeiten und Lebenshaltungen vor – nicht um zu belehren, sondern um sie grundsätzlich zu zeigen und so

Entscheidungen vorbereiten zu können. In einer Reihe seiner Bücher geschieht dies mit Hilfe von fiktiven Personen, die Kierkegaard als Verfasser einzelner Teile eines Buches einführt, während eine weitere erfundene Person Autor des ganzen Buches ist und die Meinungen kommentiert, die die einzelnen Autoren vertreten. Auch können bei ihm Personen auftreten, die dem fiktiven Buch eines ebenfalls nur erdachten Verfassers entstammen.

Kierkegaard betreibt eine raffinierte Maskerade, wenn er mit Pseudonymen und erfundenem Personal spielt. Häufig ist kaum zu erkennen, ob es sich um Kierkegaards wirkliche Meinung handelt oder um eine bloße Möglichkeit, die unter dem Deckmantel eines »Verfassers« oder einer »Person« vorgestellt wird – von der sich Kierkegaard aber durch sein ironisches Maskenspiel distanziert.

Er war der Meinung, dass der Gebrauch von Pseudonymen Teil einer sehr sorgfältigen pädagogischen Strategie sein könne, die den Leser an einen bestimmten Punkt führen kann: weg von den Themen, mit denen er sich unmittelbar identifiziert und die er sofort akzeptiert – hin zu den Themen, mit denen sich ein Leser sonst vielleicht nicht beschäftigen mag, zum Beispiel mit religiösen Fragen.

Aber auch diejenigen Teile seines Werkes, die unter seinem eigenen Namen erschienen und in diesem Chor von Stimmen als genuin Kierkegaardsche Ansichten zu hören sein sollten, sind nur »Stimmlagen«, je nach Anlass und Absicht geformte und modulierte Klangfarben. Sie sind ebenso literarisch und auf eine gewisse Weise ebenso so fiktiv wie die anderen. Begreift man Kierkegaards vielfältiges Werk als eine Polyphonie von Stimmen, müssen seine theologischen und philosophischen Absichten als aufgehoben in einem einzigen dichterischen Projekt verstanden werden.

Er selbst allerdings hat immer wieder gegen *den Dichter* polemisiert, angefangen in *Entweder-Oder* bis zu seinen verbissenen Angriffen auf die Staatskirche in *Der Augenblick*. Der Prototyp des Dichters, laut Kierkegaard, sei derjenige, der die Wirklichkeit – innen sowohl als außen – verflüchtigt, sich mit eitlen Wünschen und Träumen begnügt. Dichten heißt verfälschen. Nur werden all diese Polemiken paradoxerweise ebenfalls in einer erfundenen, dichterischen Form vorgebracht. Søren Kierkegaard ist ein Dichter, der selbst gegen die dichterische »Leere« anschreibt. Eine erstaunliche Art von Dichter: Er polemisierte gegen seine eigene Profession, aber er schrieb in dem Bewusstsein, dass ihm innerhalb einer übergeordneten literarischen Strategie am wirkungsvollsten die Philosophie und die Theologie als Möglichkeit zur Verfügung stehen.

Seine philosophischen und theologischen Überlegungen werden dadurch nicht weniger ernsthaft oder verpflichtend. Sie sind Teil seines literarischen Projekts, denn gerade dadurch konnte er der Wirklichkeit, die zerfiel und sich wandelte, begegnen. Gerade so, durch ein equilibristisches und tief ironisches Spiel mit Fiktionen und Möglichkeiten, konnte er einem fest strukturierten, systematischen Denken eine Vielzahl von Stimmen entgegensetzen. Kierkegaard, der von Kindheit an ein überaus reflektierender Mensch war, spielte, dachte und lebte alle denkbaren Möglichkeiten und Optionen in seinem Kopf durch. Dennoch blieb die Frage: Was ist gegen das »unglückliche Bewusstsein« zu tun, das sich der Wirklichkeit bemächtigte, noch bevor die Wirklichkeit erkannt wurde? Und wie gelangt man aus dem Spiel mit den Möglichkeiten zurück in die Wirklichkeit? Wie kann man tatsächlich *beginnen*, wenn man gedanklich bereits alles durchgespielt hat, mit allem fertig ist?

Der Weg aus diesem selbstzerstörerischen Dilemma bestand für Kierkegaard im *Glauben*. Der Glaube entfaltet jenseits aller Gedanken und Reflexionen seine Kraft, nur dadurch ist er auch viel schwieriger anzunehmen als gefügige Theorien, er ist risikoreicher und nur mit furchtloser Leidenschaft zu akzeptieren.

Präzise beschreibt Kierkegaard eine Form von unglückseligem und entfremdetem Bewusstsein, die im 20. Jahrhundert erst die internationale Moderne zum Ausdruck brachte. Er tat dies, indem er die Dichtung und seine dichterische Leidenschaft verleugnete, von der sein Werk aber wesentlich getragen wird. Er tat dies, weil er sich wünschte, den bloßen Möglichkeiten entkommen und in eine Wirklichkeit eintreten zu können, die ihn voll und ganz erfüllen und fragen könnte.

Diese Form von Wirklichkeit fand er wohl erst, als er sich in seiner letzten Lebensjahren in eine aufreibende Fehde mit der offiziellen Staatskirche stürzte. Es war ein märtyrerhafter Streit für ein echtes Christentum in Anlehnung an das Urchristentum; allerdings für ein Christentum, von dem er nicht zu sagen wagte, dass er es für sich auch nur ansatzweise realisiert hätte. Er mochte sich nicht als Christ im strengen Sinne bezeichnen, nur weil er wusste, was es heißt, Christ zu sein. Etwas zu wissen und etwas zu sein ist eben nicht dasselbe, und der Abstand zwischen Möglichkeit und Wirklichkeit wird auch hier wieder deutlich – erneut ein dichterisches Projekt.

Kierkegaard selbst datierte den eigentlichen Beginn seiner schriftstellerischen Tätigkeit auf das Jahr 1843, das Jahr, in dem *Entweder-Oder*, *Die Wiederholung* und *Furcht und Zittern* erschienen. Doch schon diese Datierung ist eine Fiktion, denn natürlich begann es mit seiner ersten Veröffentlichung: Mit der literarischen Kritik an Hans Christian Andersen in *Aus den Papieren eines noch Lebenden* aus dem Jahr 1838 und der 1841 erschienenen halb philosophischen, halb literarischen Magisterarbeit *Über den Begriff der Ironie*. Beide Werke sind von hoher literarischer Qualität, zugleich sind sie Ausdruck einer engagierten Zeitkritik und Polemik.

Dichtung und Zeitkritik sind bei Kierkegaard eng miteinander verbunden, es sind kommunizierende Röhren *einer* Leidenschaft, die dieses einzigartige und vielschichtige Werk entstehen ließ. Einer Leidenschaft, die so stark ist, dass sie durchaus als eigene Stimme aus dem Labyrinth all der fiktiven Stimmen herauszuhören ist. Bei der Lektüre Kierkegaards geht es daher nicht allein darum, intellektuell den Weg in das Labyrinth und wieder heraus zu finden, sondern auch darum, dieser Stimme zuzuhören, die das Ganze trägt und in einen Dialog mit dem Leser treten will.

Mit seinen Gedanken und Überlegungen wollte Søren Kierkegaard einen möglichst breiten Leserkreis erreichen. Denn seine Philosophie – davon war er überzeugt – geht uns alle an, und jeder Leser sollte sie für sein eigenes Leben nutzen können.

Allerdings lässt sich nicht leugnen, dass die Lektüre seiner Bücher schwierig ist. So schwierig, dass Kierkegaards Name inzwischen zwar längst zum Allgemeinwissen gehört, seine Texte aber nur von wenigen Spezialisten gelesen werden.

Søren Kierkegaards »Popularität« ist also umgekehrt proportional zum Anteil seiner tatsächlichen Leser. Persönlich hätte ihn diese Tatsache wahrscheinlich kaum überrascht, liefert er doch in seinem großen Roman *Stadien auf des Lebens Weg* die Charakteristik eines Schriftstellers, die viel mit ihm selbst zu tun haben könnte – und wohl auch so gemeint ist: »Ein solch zweideutiger Autor wie ich, der nicht einen einzigen Leser hat und nur einige wenige in der Mitte des Buches.«

Dennoch ist das Interesse an Kierkegaard in den vergangenen Jahren weltweit deutlich gestiegen, insbesondere in den Ländern des ehemaligen Ostblocks. Nach dem Fall der Ideologien und Systeme gibt es offensichtlich gerade dort ein elementares Bedürfnis, über die Fragen des Individuums und der Existenz nachzudenken – Themen, die im Zentrum von Kierkegaards Philosophie stehen.

Die professionell interessierten Leser, die sich in mehr oder weniger hermetischen Diskussionsforen mit Kierkegaard befassen, sind allerdings nur die eine Seite; an ihnen sollten wir seine Bedeutung für die gegenwärtige Welt nicht messen. Zumal Kierkegaard im Gegensatz zu vielen anderen Philosophen eine Botschaft für den »gemeinen Mann« hat, wie er selbst ausdrücklich betonte.

Aber Kierkegaard ist nicht einfach, und er *wollte* auch nicht einfach sein. Mit Blick auf die Eigenverantwortung des Lesers, der zu einer »Wahrheit« finden soll, mit der er leben kann und will, macht er es uns nicht leicht, seine Gedanken zu verstehen.

Eigentlich eine absurde Situation: Ein Autor, der jedem Leser grundlegende Fragen, die zum Leben und zur Wirklichkeit gehören, vermitteln könnte, ist mehr oder weniger ausschließlich zum Studienobjekt für Gelehrte geworden.

Aber ist Kierkegaard wirklich notwendigerweise so unverständlich? Muss das Lesen seines Werkes – und damit auch die Interpretation – einem kleinen Kreis von Professionellen überlassen bleiben? Im Interesse von Kierkegaard und seiner potentiellen Leser sollte es nicht so sein – und es muss auch nicht so sein.

Wer sich wie ich über Jahre mit diesem Philosophen beschäftigt, wird zwangsläufig entdecken, dass seine ausschweifenden und manchmal durchaus nicht leicht verständlichen Texte eine Vielzahl von leuchtend klaren, amüsanten, zutiefst nachdenklichen, treffenden und provozierenden Formulierungen enthalten.

Kierkegaard kann so konzentriert und abstrakt sein, dass man das Lesen aufgeben möchte. Er kann so langatmig und umständlich schreiben, dass es schwerfällt, sich seinen Texten mit der notwendigen Intensität und Aufmerksamkeit zu widmen.

Und doch hat er die Kraft eines Dichters, die Fähigkeit zu überraschenden Formulierungen und zu Sentenzen von einer Allgemeingültigkeit und Wirkung, die weit über den unmittelbaren Textzusammenhang hinausgehen.

Als langjähriger Leser Kierkegaards habe ich versucht, in diesem Buch Texte zu versammeln, die uns unmittelbar ansprechen, die uns helfen können, Fragen, die wir an unser eigenes Leben stellen, zu beantworten oder zumindest Anstöße dazu zu geben. Es sind Passagen, die ihre eigene inhaltliche, sprachliche und stilistische Kraft entwickeln und sich festsetzen. Man muss mit ihnen umgehen, sich mit ihnen beschäftigen, sich ihren Inhalten und Worten aussetzen.

Allerdings habe ich die Auszüge nicht ohne Bedenken und Skrupel aus den jeweiligen Zusammenhängen genommen, denn sie erhalten so einen vom Autor nicht beabsichtigten Charakter monolithischer Aussagen. Jeder Leser dieses Buches sollte daher zweifach gewarnt sein: Hier liegt nicht nur eine subjektive Zitat-Auswahl des Herausgebers vor. Die Zitate sind darüber hinaus in neue Zusammenhänge gestellt, die keineswegs den grundlegenden Gedanken der Werke entsprechen, denen sie entnommen wurden. Sie sind also kein repräsentatives Konzentrat der originalen Werke, ebensowenig folgen sie sklavisch den Gedankenmodellen, die sich Kierkegaard bei den Lesern seines Gesamtwerkes wünschte.

Die Aphorismen, Sentenzen und Passagen wurden unter dem Aspekt ihrer breiteren Gültigkeit ausgewählt und unter übergeordneten, allgemeinen Themen neu zusammengestellt. Dennoch wurde ihre innere Verwandtschaft nach Möglichkeit gewahrt.

Es ist eine Gratwanderung: Der ursprüngliche Kontext und die Chronologie der Entstehung wurde aufgehoben und durch neue, andere Zusammenhänge ersetzt. Gleichwohl nehmen diese Zitate nach wie vor für sich in Anspruch, uns Kierkegaards Gedanken zu vermitteln.

Kierkegaard hat sich im Laufe der Zeit durch die Anlage und Struktur seiner Texte immer mehr in eine Art literarisches Schneckenhaus zurückgezogen. Letztlich ist es aber seine literarische Leidenschaft, die ihn permanent zu Mystifikationen und Fiktionen greifen ließen, um die eigene Identität vor den Lesern zu verbergen. Doch hinter all den Schleiern aus Pseudonymen, fiktiven Autoren und Herausgebern, hinter denen er sich gern verbarg, bleibt seine Identität in jedem seiner Bücher wie ein Wasserzeichen präsent.

Es ist Kierkegaards Werk nicht damit gedient, dass wir es respektvoll anderen überlassen, die ihn allein für sich reklamieren. Es ist möglich, Kierkegaard neu zu entdecken, auch in kleinen Abschnitten zu lesen und seine Texte so zu gebrauchen, wie derartige Texte nun einmal gebraucht werden sollen.

Mit Blick auf eine weitergehende Lektüre, zu der dieses Buch auch anregen will, wurden nur Zitate aus den von Kierkegaard selbst veröffentlichten Werken verwendet, nicht aus seinen hinterlassenen Papieren, in denen der Kontext gelegentlich unklar und zweifelhaft bleibt. Die einzige Ausnahme ist das unvollendete *Buch über Adler*, das Kierkegaard selbst nie veröffentlichte.

Da Kierkegaard sich selbst gegen unnötige historische Barrieren ausgesprochen hat, wurden einzelne Namen oder inzwischen ungebräuchliche und daher missverständliche Ausdrücke soweit notwendig durch einen entsprechenden Begriff des heutigen Sprachgebrauchs ersetzt bzw. in Fußnoten erklärt.

Damit hat die Liste der zu bekennenden Sünden aber auch schon ein Ende. Ich bin jedoch der Ansicht, dass der Zweck in diesem Falle die Mittel heiligt.

Meine Absicht war es, die Leser und Nutzer dieser Texte im Alltag an Kierkegaards Tisch heranzuführen und meine eigene Entdeckerfreude mit anderen zu teilen – auf dass diese Sammlung von Kierkegaards Worten dazu anregt, seine Werke im Zusammenhang zu lesen.

Johan de Mylius

Zeittafel

1813 Søren Kierkegaard wird am 5. Mai geboren. Die Eltern, der Strickwarenhändler Michael Pedersen Kierkegaard und Anne Kierkegaard, geborene Lundt, bewohnen das Haus Nytorv 2 in Kopenhagen. Die erste Ehe des Vaters war kinderlos geblieben; nach dem Tod seiner Frau hatte Michael Pedersen Kierkegaard 1797 Anne Lundt geheiratet, die Dienstmädchen im Hause der Kierkegaards war. Gut vier Monate nach der Trauung wird das erste Kind geboren. Søren Kierkegaard wird als siebtes und letztes Kind geboren. Der Vater ist 56 Jahre alt, die Mutter beinahe 45 Jahre alt.

Im gleichen Jahr Staatsbankrott Dänemarks. 1797 hatte Michael Pedersen Kierkegaard sein Geschäft verkauft und seither von seinem Vermögen gelebt. Im Januar 1813 werden sämtliche Wertpapiere auf ¹/₆ ihres aufgedruckten Wertes (ca. ¹/₁₀ ihres realen Wertes) entwertet. Von dieser Regelung ausgenommen waren »Königlichen Obligationen«, d.h. Staatsobligationen. Da Michael Pedersen Kierkegaard sein gesamtes Vermögen in Königlichen Obligationen angelegt hatte, war er einer der wenigen, der durch den Staatsbankrott nicht verarmte, sondern dadurch sogar zu einem relativ wohlhabenden Mann wurde.

1814 Ende der Napoleonischen Kriege. Dänemark wird gezwungen, Norwegen abzutreten, das kurze Zeit später von Schweden annektiert wird.

1819 Der Bruder Søren Michael stirbt im Alter von 12 ½ Jahren.

1821 Einschulung, Beginn der lebenslangen Freundschaft mit Emil Boesen. Emil Boesens Vater besuchte, wie auch Kierkegaards Vater, die Herrenhuter Gemeinde in Kopenhagen.

1822 Die älteste Schwester Maren Kristine stirbt im Alter von 24 ½ Jahren.

1824 Der einflussreiche Dichter und Kritiker Johan Ludvig Heiberg trifft in Berlin Hegel. Heiberg studiert Hegels Schriften, auf der Rückreise hat er in einem Hamburger Hotel eine »Erleuchtung«, die ihm die Zusammenhänge der Hegelschen Gedankenwelt offenbart – Heiberg wird überzeugter Hegelianer. Kierkegaard kam u. a. durch seine Bekanntschaft mit Heiberg mit der Philosophie Hegels in Berührung, befreite sich in seinem Werk jedoch sehr bald von diesem Einfluss. In den zwanziger und dreißiger Jahren des 19. Jahrhunderts dominierten Hegels Gedanken die theologische, philosophische und ästhetische Diskussion in Dänemark.

1828 Konfirmation in der Kopenhagener Domkirche.

1830 Abitur und Immatrikulation an der Kopenhagener Universität. Pflichtgemäßer Eintritt in das Königliche Leibkorps, wenige Tage danach wird er als untauglich aus der Dienstrolle gestrichen.

Julirevolution in Paris. Die Ereignisse wirken sich bis nach Dänemark aus, u. a. beginnen bürgerliche Kreise politische Reformen zu fordern.

1831 Beginn des Studiums der Theologie. Nebenher ästhetische Studien und ein ausschweifendes Studentenleben.

König Frederik VI. verfügt die Einführung einer ratgebenden Ständeversammlung, einer ersten Vorstufe eines demokratischen Parlaments.

1832 Die Schwester Nicoline Christine stirbt im Alter von 33 Jahren.

1833 Der Bruder Niels Andreas, der nach einer Handelslehre nach Amerika ausgewandert war, stirbt im Alter von 24 Jahren in Paterson/USA.

1834 Tod der Mutter. Der Nachlass ergibt ein Vermögen von 40 000 Reichsbanktalern (ein heutiger Wert von ca. einer Million DM).

Studium von Schleiermachers Dogmatik.

Erster Zeitungsartikel, ein polemischer und ironischer Beitrag in »Kjøbenhavns flyvende Post« (Kopenhagens fliegender Post), Interimsblatt Nr. 34, mit dem Titel »Auch eine Verteidigung für die hohen Anlagen der Frauen«. Der Artikel ist mit »A« gezeichnet (Kierkegaards Zwischenname war Aabye).

Die Lieblingsschwester Petrea Severine Lund stirbt im Alter von 33 Jahren, vierzehn Tage nach der Geburt eines Sohnes.

Die endgültige Verfassung der ratgebenden Ständeversammlung wird verabschiedet. Die erste Ständeversammlung wird 1835-1836 einberufen, ein erster, vorsichtiger Schritt zur Beendigung des Absolutismus. Die erste Ausgabe der intellektuell-liberalen Zeitschrift »Fædrelandet« (Das Vaterland) erscheint als Wochenblatt.

1835 Sommerferien in Nordseeland. Der monatelange Ferienaufenthalt ist u. a. ein Versuch, über sich selbst klar zu werden. Wie eine Notiz vom 1. August zeigt, wollte Kierkegaard »eine Wahrheit, die für mich Wahrheit ist« finden.

Der moderne Gegenwartsroman wird in Dänemark u. a. durch Hans Christian Andersens Roman *Improvisatoren* (die deutsche Übersetzung *Der Improvisator* wird beinahe zeitgleich veröffentlicht und ebenfalls sofort ein Erfolg) populär. Im selben Jahr erscheinen die ersten beiden Sammlungen der *Märchen, erzählt für Kinder* von H. C. Andersen. Kierkegaard, der eher traditionelle Volksmärchen mag, gefallen Andersens Märchen nicht.

1836 Teilnahme an den Vorbereitungstreffen von ästhetisch interessierten Studenten zur Gründung einer Musikvereinigung.

Kleinere Artikel und Polemiken in Heibergs Zeitschrift »Kjøbenhavns flyvende Post«, in der Zeitung »Kjøbenhavnsposten« sowie in »Fædrelandet«, u. a. zur Frage der Pressefreiheit und gegen den liberalen Studentenführer Orla Lehmann und die liberale Bewegung insgesamt. Kierkegaards Lebensweise als Student führt zu erheblichen Schulden.

1837 Kierkegaard verliebt sich in die 1815 geborene Bolette Rørdam. Dass Bolette verlobt ist, stört ihn nicht.

Es ist anzunehmen, dass Kierkegaard im Haus der Familie Rørdam die erst 14-jährige Regine Olsen traf.

Als 1262 Reichstaler und 2 Mark (umgerechnet mindestens ca. DM 35 000) an Schulden aufgelaufen sind, greift der Vater ein und beginnt mit der Auslösung. Der Konditorei, in der sich Kierkegaard mit seinen Saufkumpanen traf, schuldet er 235 Reichstaler (ca. DM 5500), dem Tabakhändler 44 Reichstaler (ca. DM 1000), dem Schneider 280 Reichstaler (ca. DM 7000), darüber hinaus hat er Schulden bei Buchbindern, Buchhändlern,

Schuhmachern und vielen anderen Lieferanten. Der Vater vereinbart mit ihm, dass er vom 1. September an das väterliche Haus zu verlassen habe und mit einer jährlichen Unterstützung von 500 Reichstalern (ca. DM 12 000) eine eigene Wohnung bezieht. Zum Vergleich: Das Anfangsgehalt eines Universitätsprofessors lag bei 800 Reichstalern (ca. DM 20 000) jährlich. Hans Christian Andersen erhielt 1838 ein staatliches Künstlerlegat von 400 Reichstalern im Jahr. Ein Tagelöhner verdiente 20 Schilling am Tag, d. h. ca. 5 Reichstaler im Monat.

Kierkegaard zieht in die Løvstræde Nr. 7 in Kopenhagen und nimmt eine Arbeit als Lateinlehrer in der Borgerdydskole an.

1838 *Aus den Papieren eines noch Lebenden*

Tod des von Kierkegaard hingebungsvoll bewunderten Dichters und Philosophieprofessors Poul Martin Møller, mit dem er auch privaten Umgang hatte. Poul Møllers Persönlichkeitsphilosophie, seine politischen Ansichten und seine Forderung nach »Wirklichkeit« sind wesentliche Voraussetzungen für Kierkegaards Gedankenwelt, insbesondere in der Auseinandersetzung mit Hegel, von dessen Vorstellungen sich Kierkegaard in seinem Werk nach und nach entfernt (endgültig in den *Philosophischen Brocken* und dem damit verbundenen großen Werk *Abschließende unwissenschaftliche Nachschrift*).

Tod des Vaters.

Das erste Buch *Aus den Papieren eines noch Lebenden* ist eine einzige Kritik an Hans Christian Andersens 1837 erschienenem dritten Roman *Nur ein Spielmann*, ein totaler Verriss der Fähigkeiten Andersens als Romanautor.

1839 Die Testamentseröffnung ergibt ein väterliches Vermögen von insgesamt 125 341 Reichstalern, 2 Mark und 8 Schillingen. Kierkegaard und sein Bruder erben jeweils ein Viertel des Vermögens, d. h. Kierkegaard Erbe betrug 31 335 Reichstaler (ca. eine Million DM).

Tod von König Frederik VI. Die politisch liberalen Kräfte hoffen, dass Prinz Christian, der 1814, kurz bevor die Schweden einrückten, Norwegen das Recht auf eine freie Verfassung gegeben hatte, die spätabsolutistische Staatsform abschaffen und die Demokratie einführen wird. Doch Christian, der 1840 als König Christian VIII. den Thron besteigt, hat seine Meinung geändert, seine Regierungszeit bis zu seinem Tode 1848 ist geprägt von einem anhaltenden Streit zwischen dem überholten absolutistischen Staat und der liberalen Opposition.

Das liberale Organ »Fædrelandet« erscheint als Tageszeitung.

1840 Umzug in die Nørregade 230 A (heute Nr. 38) in Kopenhagen. Theologisches Staatsexamen.

Reise nach Jütland zum Geburtshaus seines Vaters in Sædding, einem Dorf nahe Ringkøbing, in Begleitung seines Dieners.

Kierkegaard hält um die Hand Regine Olsens an und erhält zwei Tage später ihre Zustimmung.

Beginn der Ausbildung zum Pastor.

Die erste Ausgabe der politisch-satirischen Zeitschrift »Corsaren« (Der Korsar) erscheint, herausgegeben und redigiert von ihrem Besitzer M. A. Goldschmidt.

1841 *Über den Begriff der Ironie*

Predigt im Rahmen seiner Ausbildung in der Kopenhagener Holmens Kirke.

Auflösung der Verlobung mit Regine Olsen, Kierkegaard sendet ihren Ring zurück.

Die Magisterarbeit *Über den Begriff der Ironie* erscheint im Verlag von P. G. Philipsen in Kommission. Kierkegaard erklärt, dass ihn die Herausgabe rund 182 Reichstaler gekostet hätte, wahrscheinlich ist aber, dass er einen Gutteil des Betrages durch den Verkauf des Buches zurückerhalten hat.

Verteidigung seiner Magisterarbeit in der Kopenhagener Universität. Kierkegaard hatte um Erlaubnis gebeten, seine Abhandlung auf Dänisch zu veröffentlichen, normalerweise waren die Abhandlungen in lateinischer Sprache zu verfassen. Die Verteidigungsverhandlung dauerte sieben Stunden und wurde lateinisch geführt, neben zwei offiziellen Opponenten gab es sieben Opponenten ex auditorio, darunter Kierkegaards Bruder Peter Christian. Kierkegaards Absicht war es, das Professorat von Poul Martin Møller zu übernehmen, nach der Verhandlung wurde ein anderer Kandidat vorgezogen.

Endgültige Trennung von Regine Olsen.

Reise mit dem Dampfschiff von Kopenhagen über Stettin nach Berlin, Besuch der Vorlesungen des Philosophen Schelling. Kierkegaard wohnt zunächst in einem Hotel in der Mittelstraße nahe der Universität, zieht nach einigen Monaten aber um in die Jägerstraße 57 nahe Unter den Linden.

1842 Reise von Berlin über Kiel zurück nach Kopenhagen.

Der Bruder Peter Christian wird Pastor in Pedersborg-Kindertofte bei Sorø. Er hatte sich Anfang der dreißiger Jahre dem Kreis des Kirchenreformers Grundtvig angeschlossen, wodurch es zu beträchtlichen Differenzen zwischen den Brüdern kam. Aufgrund des Bekenntnisses zu Grundtvig wurde Peter Christian das Professorat verweigert, für das er sich qualifiziert hatte. 1856 wird Peter Christian Bischof in Ålborg.

Nach dem Umzug des Bruders nach Pedersborg übernimmt Kierkegaard die Verwaltung des väterlichen Hauses Nytorv 2. Die Arbeit wird ihm aber rasch lästig, er überträgt sie seinem Schwager Christian Lund.

1843 *Entweder-Oder. Ein Lebensfragment herausgegeben von Viktor Eremita*

Zwei erbauliche Reden

Die Wiederholung. Ein Versuch in der experimentierenden Psychologie von Constantin Constantinus

Furcht und Zittern. Dialektische Lyrik von Johannes de Silentio

Drei erbauliche Reden

Vier erbauliche Reden

Anderthalbmonatiger Aufenthalt in Berlin.

Kierkegaard verdient an dem im Verlag C. A. Reitzel (u. a. der Verlag von H. C. Andersen) erschienenen *Entweder-Oder* 1200 Reichstaler (ca. DM 40 000).

1844 *Zwei erbauliche Reden*

Drei erbauliche Reden

Philosophische Brocken oder Ein Bröckchen Philosophie von Johannes Climacus

Der Begriff Angst. Eine schlichte psychologisch-andeutende

Überlegung in Richtung auf das dogmatische Problem der Erb-
sünde von Vigilius Haufniensis

Vorworte. Unterhaltungslektüre für einzelne Stände je nach Zeit
und Gelegenheit von Nikolaus Notabene

Vier erbauliche Reden

Probepredigt in der Kopenhagener Trinitatis-Kirche.

Anstellung des Dieners Anders Christensen Westergaard, der am längsten in Kierkegaards Diensten bleiben wird (ca. sechs Jahre). Kierkegaard sagte über ihn, er sei »sein Leib«, da er sämtliche praktischen Angelegenheiten in Ordnung brachte.

Umzug von der Nørregade 230 A zurück in das Haus Nytorv 2. Kierkegaard schafft sich mehrere Schreibpulte an, damit er an verschiedenen Manuskripten gleichzeitig arbeiten kann. Der Privatgelehrte Israel Levin wird Kierkegaards Sekretär und hat u. a. seine Manuskripte abzuschreiben.

Eröffnung der ersten Eisenbahnverbindung Dänemarks in Holstein zwischen Kiel und Altona.

1845 *Drei Reden bei gedachten Gelegenheiten*

Stadien auf dem Weg des Lebens. Studien von Verschiedenen.
Zusammengebracht, zum Druck befördert und herausgegeben
von Hilarius Buchbinder

Achtzehn erbauliche Reden (Gesammelte Ausgabe der *Erbau-lichen Reden)*

Reise über Stettin nach Berlin. Ausflüge nach Nordseeland und ins Kopenhagener Umland.

Das Jahrbuch *Gæa* des Kritikers P. L. Møller erscheint mit einer kritischen Besprechung von *Stadien auf des Lebens Weg.* Møller war einer der Zechkumpanen Kierkegaards in den dreißiger Jahren, ein vielversprechender frankophiler Kritiker, der die Nach-folge des gefeierten Dichters Adam Oehlenschläger als Professor für Ästhetik an der Kopenhagener Universität antreten wollte. Vermutlich ist er das Vorbild für die Figur des Johannes Forføre-ren in den *Stadien.* Kierkegaard schreibt als Erwiderung einen Artikel im »Fædreland«, in dem er P. L. Møller beschuldigt, der eigentlich Verantwortliche in der satirischen Zeitschrift »Corsa-ren« zu sein: »Ubi P. L. Møller, ibi Corsaren« (wo P. L. Møller ist, dort ist der Corsar). Møller wird dadurch gesellschaftlich so bloßgestellt, dass an eine Kandidatur als Nachfolger Oehlen-schlägers nicht mehr zu denken ist. Møller verlässt 1846 Däne-mark und reist über Deutschland nach Frankreich, wo er syphiliskrank und völlig verarmt stirbt. Kierkegaard verbittet sich jegliche positive Erwähnung im »Corsaren« und äußert den Wunsch, dort lächerlich gemacht zu werden. Der Herausgeber Goldschmidt nimmt ihn beim Wort und lässt ab 1846 eine Reihe von satirischen Beiträgen und Karikaturen erscheinen. Kierke-gaard wird als eine buckelrückige, spitznasige Figur mit ungleich langen Hosenbeinen vorgeführt. Der »Corsaren«-Streit führt zur Beschäftigung mit dem Phänomen des Martyriums und der Konfrontation mit den liberalen politischen Kräften (nach 1848) und der Staatskirche als zentrale Themen.

1846 *Abschließende unwissenschaftliche Nachschrift zu den philoso-phischen Brocken. Mimisch-pathetisch-dialektische Sammel-schrift. Existentielle Einsprache von Johannes Climacus*
Eine literarische Anzeige
Kierkegaard überlegt, mit dem Schreiben aufzuhören und Pastor auf dem Land zu werden.
Reise über Stettin nach Berlin.
Uraufführung von Hostrups Vaudeville-Komödie *Gjenboerne* (*Die Nachbarn*) am Königlichen Theater in Kopenhagen, in der Kierkegaard als Student Søren Torp karikiert wird.
Goldschmidt verkauft die Zeitschrift »Corsaren« nach einer sehr direkten, persönlichen Verwarnung Kierkegaards.

1847 *Erbauliche Reden in verschiedenem Geist*
Der Liebe Tun
Erste Reinschrift des Buches über den fanatischen Schriftsteller, Pastor und Kierkegaard-Anhänger A. P. Adler. Adler war aus dem Kirchenamt entfernt worden, er bezeichnete sich selbst als »Kierkegaards Johannes der Täufer« und behauptete, eine Vi-sion gehabt zu haben. In dem gesellschafts- und literaturkriti-schen Werk, das erst posthum erschien, verteidigt Kierkegaard »das Bestehende«, d. h. das Recht der Staatskirche, gegenüber selbsternannte Apostel vorzugehen. Adler bringt Kierkegaard in

ein gewisses Dilemma, denn wie sollte man sich zu einem offensichtlich urchristlichen Phänomen wie einem Apostel verhalten, der darüber hinaus eine Erscheinung ins Feld führen konnte? Nicht weniger delikat ist es für Kierkegaard, die Staatskirche, »das Bestehende«, gegen einen Aufwiegler verteidigen zu müssen. So erklären sich die zahlreichen Entwürfe und Notizen zu dem Buch und die Tatsache, dass er es nie erscheinen ließ.

Besuche bei König Christian VIII., der großen Eindruck auf Kierkegaard macht. Gesprochen wird u. a. über den Kommunismus. Kierkegaard ist der Ansicht, dass der König nichts zu befürchten habe.

Besuch bei seinem Bruder in Sorø, um mit ihm den Verkauf des Hauses am Nytorv zu besprechen.

Im August Beginn einer Badekur, an die Kierkegaard bereits früher gedacht hatte, vor der er sich aber scheute. Seine Aufzeichnungen belegen den Drang zu innerer Erneuerung, die Badekur hängt offenbar eng mit diesem Wunsch zusammen.

Predigt in der Kopenhagener Domkirche.

Verkauf des Hauses am Nytorv, da Kierkegaard sein komplettes Aktiendepot bis auf einen kleinen Restposten veräußert hatte und Geld benötigt.

Verhandlungen mit seinem Verleger über die Übernahme der Restbestände seiner Bücher und einer Neuausgabe von *Entweder-Oder*.

Eröffnung der Eisenbahnverbindung Kopenhagen-Roskilde.

1848 *Christliche Reden*

Umzug in die Rosenborggade 156 A (später Nr. 7) in eine Wohnung mit 5 Zimmern, Küche, Mädchenzimmer, Dachzimmer, Holzkeller und Speisekammer für eine Jahresmiete von 290 Reichstalern (ca. DM 7000). Noch im selben Jahr Umzug in eine größere Wohnung im gleichen Haus.

Im »Fædreland« wird die Artikelserie *Die Krise und eine Krise im Leben einer Schauspielerin* über die Schauspielerin Johanne Luise Heiberg abgedruckt.

Predigt über das Thema »Aus der Höhe wird Er uns alle zu sich ziehen«.

Der Tod Christian VIII. im Januar wird zum Aufbruchssignal demokratischer Veränderungen für die liberale Opposition. Mehr als 10000 Demonstranten ziehen im März zum Schloss Christiansborg. Februarrevolution in Frankreich, Unruhen in Deutschland. Aufstand in Holstein, Beginn des dreijährigen Krieges zwischen Dänemark und Deutschland.

1849 *Entweder-Oder* (2. Auflage)
Die Lilie auf dem Felde und die Vögel unter dem Himmel. Drei fromme Reden
Zwo kleine ethisch-religiöse Abhandlungen
Die Krankheit zum Tod
Der Hohepriester – der Zöllner – die Sünderin. Drei Reden beim Altargang am Freitag
Einführung einer demokratische Verfassung in Dänemark. Durch das Grundgesetz wird der Status der Kirche gemäß dem Modell von Grundtvig und seinen Anhängern verändert und die Religionsfreiheit eingeführt. Die evangelisch-lutherische Kirche firmiert jetzt als »Volkskirche« (unterstützt und finanziert vom Staat).

1850 *Einübung im Christentum von Anti-Climacus*
Eine erbauliche Rede
Umzug in die Nørregade 43 (später Nr. 35) in eine Wohnung mit 5 Zimmern, Küche, Mädchenzimmer, Korridor und Abstellkammer und einer jährlichen Miete von 280 Reichstalern (ca. DM 7000).

1851 *Über meine Wirksamkeit als Schriftsteller*
Zwei Reden beim Altargang am Freitag
Zur Selbstprüfung der Gegenwart anbefohlen
Urteilt selbst (posthum erschienen 1876)
Umzug nach Østerbro 108 A.
Predigt in der Citadelskirche.

1852 Umzug in das Haus Klareboderne 5-6 (heute: Skindergade 38), Kierkegaards letzte Wohnung.
In Kopenhagen werden die ersten Gebiete außerhalb des Stadtwalls zur Bebauung freigegeben. Durch die sich allmählich entwickelnde industrielle Revolution, die damit verbundene Land-

flucht und die Entstehung eines neuen städtischen Proletariats wird Bauland benötigt. 1856-1858 werden die Stadttore abgerissen und die Wälle geschliffen.

1854 Tod des Kopenhagener Bischofs Mynster. Mynster wird bei seiner Beerdigung als ein Zeuge der Wahrheit bezeichnet, Kierkegaard beginnt eine wütende Fehde gegen die Verwaltung des Christentums durch die Staatskirche. Ende 1854 veröffentlicht er eine erste Polemik in einem Artikel im »Fædrelandet«.
Die Telegraphenlinie Helsingør-Kopenhagen-Fredericia-Hamburg wird offiziell eröffnet.

1855 *Der Augenblick* (polemische Flugschrift in zehn Nummern. Die 10. und letzte Ausgabe erlebt Kierkegaard nicht mehr)
Gottes Unveränderlichkeit. Eine Rede
Das erste Halbjahr ist geprägt von einem erbittertem Streit in »Fædrelandet« über Kierkegaards Flugschriften *Der Augenblick* und die damit verbundene Kritik an Bischof Mynster und der Amtskirche. Anfang Oktober ist Kierkegaard geistig und physisch vollkommen erschöpft. Mehrfach stürzt er daheim und auf der Straße. Einlieferung ins Frederiks Hospital in der Bredgade (heute Kunstindustriemuseum). Als einer der wenigen darf ihn sein Freund Emil Boesen besuchen; seinen Bruder Peter Christian, der ihn beim Konvent in Roskilde als »Ekstatiker« bezeichnete, will er nicht sehen. Kierkegaard stirbt am 11. November, nachdem er sich geweigert hatte, das Sakrament aus der Hand eines Pastoren entgegenzunehmen. Am 18. November Beisetzungsfeier in der Domkirche und Begräbnis auf dem Assistens-Friedhof, es sprechen sein Bruder Peter Christian und sein Neffe, der Arzt Henrik Lund. Während der Beisetzung kommt es zu tumultartigen Szenen, als junge Atheisten Kierkegaards Kampf gegen die Kirche als einen Kampf gegen das Christentum bejubeln – eine Auslegung des Kirchenkampfes, die seinen Intentionen völlig zuwider lief.
Zum Zeitpunkt seines Todes war sein gesamtes Vermögen nahezu aufgebraucht. In der Zeit von 1838, dem Todesjahr seines Vaters, und 1855 hatte er durch Erbe, Zinseinnahmen, Honorare, den Hausverkauf und Kursgewinne eine Summe von min-

destens 45 000 Reichstalern eingenommen (mindestens 1,5 Millionen DM nach heutigem Wert). Durchschnittlich verbrauchte er jährlich also mindestens ca. DM 80 000 (von denen der geringste Teil der Miete diente). Sein nicht unerhebliches Vermögen und die unterschiedlichen Einnahmen verwendete er für eine Lebenshaltung, die sein Sekretär Israel Levin und andere als verschwenderisch bezeichneten.

Der Gegensatz zwischen dieser Lebensführung und den weltentsagenden Inhalten der Schriften seiner späteren Schaffensperiode bleibt einer der vielen Widersprüche des Phänomens Søren Kierkegaard.

Die beliebtesten Klassiker im insel taschenbuch –
jetzt in neuer, schöner Ausstattung
Überraschend preiswert, überraschend modern

Alexandre Dumas. Die drei Musketiere. it 4098. 739 Seiten

Theodor Fontane. Frau Jenny Treibel. it 4506. 230 Seiten

Johann Wolfgang Goethe. Die Leiden des jungen Werther. it 4507. 172 Seiten

Johann Wolfgang Goethe. Die Wahlverwandtschaften. it 4522. 311 Seiten

Grimms Märchen. it 4508. 280 Seiten

E. T. A. Hoffmann. Der Sandmann / Das Fräulein von Scuderi. it 4509. 210 Seiten

Homer. Odyssee. it 4510. 457 Seiten

Homer. Ilias. it 4523. 432 Seiten

Heinrich von Kleist. Im Taumel wunderbar verwirrter Sinne. it 4036. 330 Seiten

Guy de Maupassant. Bel-Ami. it 4040. 416 Seiten

Das Nibelungenlied. it 4528. 262 Seiten

Friedrich Nietzsche. Also sprach Zarathustra. it 4511. 330 Seiten

Edgar Allan Poe. Horrorgeschichten. it 4531. 200 Seiten

Rainer Maria Rilke. Die Aufzeichnungen des Malte Laurids Brigge. it 4529. 218 Seiten

Arthur Schnitzler. Traumnovelle / Fräulein Else / Leutnant Gustl. it 4521. 260 Seiten

Gustav Schwab. Sagen des klassischen Altertums. it 4513. 1010 Seiten

Bram Stoker. Dracula. it 4515. 540 Seiten

Theodor Storm. Der Schimmelreiter. it 4516. 145 Seiten

Lew Tolstoj. Anna Karenina. it 4526. 1204 Seiten

Kurt Tucholsky. Rheinsberg / Schloß Gripsholm. it 4518. 211 Seiten

Mark Twain. Tom Sawyers Abenteuer. it 4075. 296 Seiten

Emile Zola. Das Geld. it 4527. 584 Seiten

»Wie man Schweres leichter trägt«
SENECA FÜR GESTRESSTE

it

»Nimm's nicht zu ernst!«

Hektik und Stress sind unsere beständigsten Begleiter durch den Alltag. Dabei wird die Sehnsucht nach innerer Ruhe immer größer. Wie der oft herbeigesehnte Zustand der Seelenruhe zu erreichen ist, darüber hat Seneca schon vor 2000 Jahren philosophiert und war in seinen Überlegungen so praktisch, nah am Menschen und zeitlos, dass sie problemlos ins Heute übertragbar sind.

Dieser Band versammelt beruhigende und stresslindernde Sprüche und Sentenzen aus Senecas Werk und hilft dem Leser, Hektik und Stress – zumindest für den Augenblick – zu vergessen.

Seneca, »Wie man Schweres leichter trägt«. Seneca für Gestresste. Ausgewählt von Gerhard Fink. insel taschenbuch 4316. 100 Seiten. Auch als eBook erhältlich.

»… daß ich Eins und doppelt bin«. Für Goethe symbolisier-
te das gefächerte Ginkgo-Blatt seine gespaltene Existenz als
Mensch und Dichter. Als Zeichen seiner Liebe, die er auch um
seines Werken willen opferte, schickte er Marianne von Willemer ein Blatt des Ginkgo-Baumes. In der Stimmung des endgültigen Abschieds entwarf er jenes Gedicht, das wie kein anderes die Ambivalenz von Liebe und Kunst einfängt.
Siegfried Unseld beschreibt die Geschichte des außergewöhn-
lichen Baums, er schildert die Beziehung zwischen Goethe und
Marianne von Willemer und die Entstehungsgeschichte eines der bedeutendsten Gedichte der Weltliteratur.

**Siegfried Unseld, Goethe und der Ginkgo. Ein Baum
und ein Gedicht.** Mit Abbildungen. insel taschenbuch 4052.
128 Seiten

NF 110/1/11.11

Konflikte lösen – mit Strategie

Konflikte durchziehen den Alltag und nahezu alle Bereiche des privaten und beruflichen Lebens. Sie lassen sich am besten lösen, wenn man überlegt vorgeht. Sunzi, erfolgreicher Militärstratege, beschrieb schon vor 2500 Jahren die Mechanismen der Konfliktlösung durch strategisches Handeln. Bis heute ist *Die Kunst des Krieges* das weltweit einflußreichste Handbuch zur Bewältigung verschiedenster Konfliktsituationen. Napoleon soll sie ebenso studiert haben wie Mao Tse-tung, und noch in Zeiten des globalen politischen und wirtschaftlichen Wettbewerbs berufen sich viele auf die hier beschriebenen Strategien.

Die einzige vollständige Übersetzung aus dem chinesischen Urtext, die auch die jüngsten archäologischen Funde von Pergamenten berücksichtigt.

Sunzi, Die Kunst des Krieges. Aus dem Chinesischen übersetzt und mit einem Nachwort versehen von Volker Klöpsch. insel taschenbuch 4061. 135 Seiten